指示と言語

サール・クリプキ・ローティ

黒澤雅恵

若い知性が拓く未来

今西錦司が『生物の世界』を著して、すべての生物に社会があると宣言したのは、三九歳のことでした。以来、ヒト以外の生物に社会などあるはずがないという欧米の古い世界観に見られた批判を乗り越えて、今西の生物観は、動物の行動や生態、特に霊長類の研究において、日本が世界をリードする礎になりました。

若手研究者のポスト問題等、様々な課題を抱えつつも、大学院重点化によって多くの優秀な人材を学界に迎えたことで、学術研究は新しい活況を呈しています。これまで資料として注目されなかった非言語の事柄を扱うことで斬新な歴史的視点を拓く研究、あるいは語学的才能を駆使し多言語の資料を比較することで既存の社会観を覆そうとするものなど、これまでの研究には見られなかった溌剌とした視点や方法が、若い人々によってもたらされています。

京都大学では、常にフロンティアに挑戦してきた百有余年の歴史の上に立ち、こうした若手研究者の優れた業績を世に出すための支援制度を設けています。本コレクションの各巻は、いずれもこの制度のもとに刊行されるモノグラフです。「プリミエ」とは、初演を意味するフランス語「première」に由来した「初めて主役を演じる」を意味する英語ですが、本コレクションのタイトルには、初々しい若い知性のデビュー作という意味が込められています。

地球規模の大きさ、あるいは生命史・人類史の長さを考慮して解決すべき問題に私たちが直面する今日、若き日の今西錦司が、それまでの自然科学と人文科学の強固な垣根を越えたように、本コレクションでデビューした研究が、我が国のみならず、国際的な学界において新しい学問の形を拓くことを願ってやみません。

第26代　京都大学総長　山極壽一

目次

第四章 因果説への反論 ―― サール …… 83

序章

新聞を読んでいて、時折、政治家の釈明を目にすることがある。「真意ではない」「言葉足らずであった」……。率直に言って、見苦しい姿だと思う。たとえばすでに一〇年以上前になされた「レイプする人は……元気があるからよい」という発言——。このような発言がなされたのは、発言者が当該事象について、そのように理解しており、考えていたからではないだろうか。そのように把握していたからこそそのような発言、あるいは表現をしたのではないか。発言して、浅薄であると批判されてから言い繕うのは、つまりは「言葉足らず」であるような程度でしか物事を認識していなかったということではないだろうか。

あるいは——誰の言葉だっただろうか——「「ばかげている」と言うのは五秒だが、なぜばかげているのかを説明するのは五〇分かかる」という言を聞いたことがある。このときなされる説明は、ことの筋道を丁寧に整理したものだろうが、さて、この「説明」とは、ある説明者の口からなされているのだから、彼あるいは彼女がどれほど客観的になろうと努めても、いわば説明者の認識という濾紙を通したものとならないだろうか。

話し手の認識が、ある物事についての彼あるいは彼女の発言に反映されるとすると、それはどのようなメカニズムによるものか。そのとき、用いられた語の意味は、その影響を受けるということになるのだろうか。そうであるならば、語の意味は、話し手によってある程度異なっているということになるのだろうか。

ここに言語を用いた事象認識に際しての問題がある。

＊＊＊

本書は、指示理論を取り扱う。

指示についての議論は言語哲学の中心と見なされている。指示は言語と世界とのあいだにむすばれている関係であるとされ、その関係がとりむすばれるためにどのようなメカニズムが働いているかという議論がなされてきた。私たちが世界についてなにごとかを語るとき、その語りがたしかに世界について語っているのは何によってか、なぜ世界について語ることができているのかという問題意識があったからである。たとえば「小池百合子氏は東京都知事である」と言うときに、この発言がどのようにして小池百合子氏について語ることができているのか、指示が議論される際に使われている比喩的な表現を借用すれば、「小池百合子」という語がどのようにして問題となっている人物に「ひっかかる（hook on to）(1)」のか、そのような問題が取り沙汰されていた。

指示の議論には二つの流れがある。一つはサールに代表される記述主義の立場であり、もう一つはクリプキやドネランに代表される因果説の立場である。サールは自身の見解をストローソンとフレーゲの見解を引き継いだものと位置づけて、指示対象は、固有名に結びついている同定記述の選言の一定程度が当てはまるもの、と主張した。ただしその「一定程度」とは前もって定められることはない。のちにサールは批判をうけて、自身のもつ信念の中で「なにが重視されているか」が指示対象を定めるに当たって重要な同定記述になるとした。

一方クリプキやドネランは、記述に当てはまることは指示対象となる必要条件でも十分条件でもないと議論して、指示の新理論と総称される議論を提出した。この議論はのちに言語の「社会性」に着目した議論として評価されるが、それによれば指示対象の決定においては、名前の持ち主から名前の使用者まで連綿となされている名前の受け渡しが重要であると考えられた。

これらの議論を顧みると、そこには一方で言語と対象という二つの要素があり、この二つの要素が他方で文の真偽にかかわっていることが見出される。たとえばフレーゲは「オデュッセウス」という名前に指示対象(Bedeutung)がないものの、それが「オデュッセウスは眠りながら岸に打ち上げられた」という文全体で意味(Sinn)を持っていたらよいと述べており、サールもドネランも、存在しない者についての命題をどのように扱うかに苦慮している。語と指示対象のあいだに対応関係が存在しないからであり、逆に言うと、言語が対象を指示するために、これら二つの要素がなくてはならないという前提がその許にある。

本書はこのような二元論に問いを投げかけるものである。もちろん本書も「対象が存在しない」「すべてが言語的に回収される」と主張するわけではない。しかし、私たちが何かある物事について語ろうとして、それが言語によって表現されているという事実をつきつめると冒頭で述べたような問いに直面して、右の前提が問題となる。

この前提を問題とするときに私たちが引き受けなくてはならないのは、真理と実在の問題である。言語と対象が二元的であるならば真理はそれらの対応関係であると説明された。しかし、それを批判するならば、文の真理とは何であるか、さらに対象とは何かという問題があるだろう。

以上を踏まえて、本書は次のような展開となる。第一章から第四章までは、フレーゲ、サール、ドネラン、クリプキ、パトナムの議論を確認する。第五章では、ローティ、ハンソンの議論を用いつつ、サールからパトナムまでの議論の検討を試みる。終章ではその結果生じる新たな問題を素描することとしたい。

註

(1) たとえば cf. Jessica Pepp, "Reference and Referring: A Framework," in William P. Kabasenche, Michael O'Rourke, and Matthew H. Slater (eds.), *Reference and Referring* (Cambridge, Massachusetts: MIT Press, 2012), pp. 1–31.

第一章　記述主義の基本的な枠組み

はじめに

本章は、記述主義の基本的な枠組みを確認することを目的とする。指示理論は記述主義とそれを批判する形で生じた因果説との二つの議論から始まった。したがって、そこから始まったところの記述主義の基本的な考え方を理解することは、その後の議論を追うに際して有用だろうと思われる。

本章は次のように展開する。最初に、記述主義の基本的な考え方を提出したと目されているフレーゲの見解を確認する。フレーゲの見解は、固有名には意味が結びついており、その意味が指示対象を決定するというものである。次いで、サールによる指示の一般論を確認する。なお、サールは指示の一般論および固有名論を提出したが、本章では固有名論において重要な役割を果たしている同定原理を確認するため、前者に的を絞る。

サールは指示の一般論において、指示に際して話し手はその対象を同定できなくてはならないと考えた。こうして、指示対象を、フレーゲは意味が、サールは同定記述が、決定するとしたことを提示しておく。

第一節　ゴットロープ・フレーゲ

1．フレーゲの企図

ゴットロープ・フレーゲ（Gottlob Frege, 1848–1925）(1) はイエナの数学者にして論理学者であり、彼は生涯をかけて算術の論理学による基礎づけに取り組んだ。その基本概念をすべて論理学の概念によって定義し、その法則を論理的な推論様式と論理学の法則のみによって証明しようとした。一八七九年に『概念記法（*Begriffsschrift, eine der arithmetischen nachgebildete Formelsprache des reinen Denkens*）』を刊行して、数概念の解明を企図して記号論理学を創始するに到ったフレーゲは、その後一八八四年に『算術の基礎（*Die Grundlagen der Arithmetik*）』によって数概念を論理学によって打ち立てようとした。ただし、『算術の基礎』は日常言語によって書かれたため、本当に論理学によって打ち立てられたかを示すには、論理学によって公理と論理法則によって飛躍なく演繹されることを示す必要があった。そこでそのために一八九三年に『算術の基本法則（*Grundgesetze der Arithmetik*）』第一巻を刊行する。そこでは公理から一つ一つの証明が厳密に行われ、ゆえに形式的には豊かであったかもしれないが、内容に乏しいものとなった。演算についての説明は第一巻ではなされず、一九〇三年に刊行された第二巻に残されたという。

このような企図のあったフレーゲの仕事のなかで記述主義の枠組みとなった、あるいは枠組みであるとのちの人に見なされた見解が提示されたのは、同一性（die Gleichheit）を議論する論文「意味と指示対象について」(2)においてである。これが発表されたのは『算術の基礎』の刊行と『算術の基本法則』の刊行のあいだの時期であり、彼の生涯においてもっとも充実した時期であったという。この時期フレーゲは、医学と自然科学のためのイエナ協会で「函数と概念」と題された講演を行ったり、(3)論文「概念と対象について」(4)を執筆したりして、函数や概念、対象といった諸概念を整理し、また精緻化を試みて、その企図するところに向かっていた。そのようななかでの当該論文である。

論文「意味と指示対象について」がなぜ、そしてどのようにして現代哲学において重要な位置を占めるようになったか(5)は本章が扱いうる範囲を超えている。当該論文で論じられている事柄は同時期に行われていた彼の他の論文での仕事と結びついているはずであるが、以下では指示理論における記述主義の基本的な枠組みとなっている議論に限定して確認したい。

2. フレーゲによる指示の枠組み

フレーゲの議論は先にも述べたとおり同一性を主題としており、そこで議論は、記号「A」と「B」を用いた二つの同一性命題「AはAと同一である」と「AはBと同一である」について、(6)これらの認識上の価値の差異から始まる。この差異が生じるのは、前者は自分に対して同じであると言っているだけだが、後者は違うと思っていたものが同じであったという、ある発見を表すことがあるからである。ところで、命題「AはBと同一である」が成立するとき、「A」と「B」は同じもの α を記号づけていることになるが、記号「A」「B」と α の関係が任意（willkürlich）であるなら、「AはBと同一である」は記号の使い方の問題となってしまうため、「真の認識（eigentliche Erkenntnis）」を表現するのに寄与できない。(7) そこで、たんなる記号の使い方にとどまらない、真の認識の表現に寄与するような記号とものの関係が求められる。また、同じもの α の記号である「A」「B」が、形としてのみ異なっていて、記号として、つまり「どのようにして記号が何かを記号づけるかという方法において（in der Weise, wie es etwas bezeichnet）」異なっていないなら、依然「AはBと同一である」は「AはAと同一である」と異なる認識上の価値を持たないことになる。もし「A」が α を記号づけているだけで、「B」も α を記号づけているだけなら、「AはBと同一である」と「AはAと同一である」はどちらとも「α は α である」と言っているだけになるからである。したがって、「記号の違いが記号づけられたものの与えられ方の違いに一致する（der Unterschied des zeichens einem Unterschiede in der Art des Gegebenseins des Bezeichneten entspricht）ことによってのみ、〔認識価値の〕相違は生じうる」ことになる。こうして記号には、記号の指示対象（Bedeutung）の他に、「対象の与えられ方」を表す記号の意味（Sinn）がある。

フレーゲはこれを説明するために、三角形の重心の例を挙げる。三角形のそれぞれの頂点からそれぞれ対辺の中点に向かって線a、b、cを引くとする。abの交点とbcの交点は同じであるが、その点の名前は「abの交点」と「bcの交点」というように異なっており、問題となっている点の「与えられ方」を示している。指示対象となる点は同じ点だが、それぞれの表現の意味は異なっている。またフレーゲは「宵の明星（Abendstern）」と「明けの明星（Morgenstern）」という例も挙げる。これらの表現はそれぞれ同じ天体を指示対象として持っているが、それぞれの表現に示されているように「与えられ方」が異なっている、つまり異なる意味を持っている[8]。

ここに、ある表現の指示対象はその意味によって定められる、という枠組みがある。すでに前項で述べたとおりフレーゲのプロジェクトは数学の論理学による基礎づけであり、彼の論文はそのように方向づけられているはずである。したがって、意味と指示対象のこの区別もそれに関わるはずだが[9]、それにしてはこの論文「意味と指示対象について」は数学的な概念については触れられることなく、副文の意味や指示対象についてなど、日常用いられている言語（フレーゲの場合ドイツ語）に則って議論がなされている。論文自体が具体例というような位置づけであるのかもしれないが、数学や証明科学に関わる厳密な言語への希求がところどころに見受けられる。同時に日常言語についても言及があり、そこからフレーゲの日常言語に関する理解あるいは評価をかいま見ることができる。

フレーゲは日常言語について意味に揺らぎがあると評価している[10]。その評価が妥当かどうかは別として、フレーゲは次のように述べる。

「アリストテレス」というような実際の固有名については、明らかに意味についての意見は相違することがある。たとえば、そのようなものとして「プラトンの門人でありアレクサンドロス大王の教師であった」を採用することができる。そのような意味を採用する人は、「アリストテレスはスタゲイラの出身であった」という文の意味について、この名前の意味として「スタゲイラ出身のアレクサンドロス大王の教師」を採用する人とは、異なる意味を結びあわせるだろう。指示対象さえ同じであり続ける限りは、このような意味の揺らぎは耐え忍ぶことができる。ただし証明科学の体系においては避けられるべきであり、完全な言語においては生じてはならない(11)。

ここからフレーゲが、日常言語における名前と意味の関係をどのように考えていたかを見出せる。名前にはある意味が結びついているが、それは人によって異なるかもしれない。その結果、同じ指示対象についてであるにもかかわらず、文の意味も異なることがある。なお、意味は、先の例からも見出せるように、その対象の一面ではあるが指示対象を説明するものであり、ある意味がその指示対象についてのものであるかどうかを即座に述べられることが、指示対象についての全般的な認識のために求められるとされている(12)。

なおフレーゲは、固有名(語やその結合)の意味と指示対象だけでなく、文(主張文)のそれについても論じた。フレーゲによると、文には思想(der Gedanke)が含まれ(13)、それは文の意味にあたる。ところで固有名などの文の部分には、意味を持つが指示対象を持たないような表現がある(「オデュッセウス」など)。そして、「オデュッセウスは深く眠りながらイタケーの海岸に打ち寄せられた」というような、このような表現を持つ文は、全体として意味を持っている。ところでこのような文の真偽を問うことは、「オデュッセウス」に指示対象を認めていることになる。この指示対象について、述語が肯定されたり否定されたりするのであり、指示対象を認めていない場合はいずれも不可能だからである。しかし、文の意味だけを気にかけるならば、指示対象の有無はそれに関わりない。逆に言うと、指示対象の有無を気にかけていると言うことは、文の意味以上の、文の真理値を気にかけているということである。こうしてフレーゲは、文の指示対象にあたるのが真理値(Wahrheitswert)だとし、ある文の部分を、それと同じ指示対象を持つが別の意味を持つ表現によって換えたときに、文全体の真理値は変わらないとする。

つまり、フレーゲにおいては、ある文における固有名を、その意味で置き換えることができると考えられていた。意味は指示対象の一側面を表すものであり、また、だから「対象の与えられ方」ともなって、表現の指示対象を定めることもできる。そしてその意味を用いる人にとって、意味とは固有名と置き換えられるものである。さらにそれは人によって異なることもある、「アリストテレスとはかくかくしかじかな人である」というような、単語の定義のようなものと扱われている。

以上がフレーゲによる指示の枠組みであるが、この枠組みを参照しながら指示を考察したのがサールである。[14] 以下では指示の一般論についてのサールの見解を確認する。

第二節　ジョン・サール

1．サールの議論

ジョン・サール（John Searle, 1932–）は言語哲学から心の哲学、その後社会哲学といった広範な問題に取り組んだ、いまなお現役の哲学者である。[15] その出発点はうえに述べたとおり言語哲学わけても言語行為論であり、彼による指示の議論はその一部である。そこにおいて議論されたサールの固有名論は伝統的指示理論の典拠（locus classicus）とも評されており、[16] 因果説はそれへの批判から展開されている。そこでまず、以下では固有名論がそれに基づいて議論されたところの指示の一般論について確認する。

2. サールによる指示の一般論

サールはその対象を単称確定指示（singular definite reference）に限定して考察を始める。単称確定指示とは特定の一つの対象を選び出す指示であるが、それに議論を限定するのは、それを明らかにして初めて他の種類の指示を明らかにできるからとされる。[17]

サールによれば、単称確定指示を行う表現は、文法上の区分となるが、おおまかに四種類に分けられる。一つ目は人名や地名などの固有名（proper name）（固有名詞）であり、二つ目は「確定記述」と呼ばれる単数の複合名詞句である。[18] なお、確定記述表現のうち、定冠詞を除いた部分を「記述子（descriptor）」と呼ぶ。三つ目は指示代名詞や人称代名詞であり、四つ目は称号あるいは肩書（Title）である。

そしてサールは指示の公理として三つの公理を挙げる。

1. 存在公理（the axiom of existence）…何であれ指示されるものは存在しなければならない。
2. 同一性公理（the axiom of identity）…もしある述語がある対象について真ならば、その対象を指示するためにどのような表現が用いられようとも、その対象と同一のものについてその述語は真である。
3. 同定公理（the axiom of identification）…もし話し手がある対象を指示するなら、彼は聞き手に対して他のすべての対象からその対象を同定する、もしくは求めに応じて同定することができる。[19]

この三つの公理のなかでサールが重視するのは同定公理である。[20] この公理は単称確定指示の概念を明晰にするためにしか見えないということから、サールは第三公理を次のように定式化する。

ある表現の発話において確定指示がうまくなされるために必要な条件は、その表現の発話が聞き手に対してただ一つの対象について真である記述、あるいはただ一つの対象についての事実を伝えなくてはならないか、もし発話がそのような事実を伝えていないなら、話し手はそれを行っている別の表現を代わりに用いることができなくてはならないか、いずれかである。[21]

サールによれば、このように事実や記述が伝えられるためには、三つの表現によるしかない。一つ目は、ただ一つの対象について真である述語を含んでいる表現であり、二つ目は文脈と一緒になってただ一つの対象を何らかの形で直示的あるいは指標的に（ostensive or indexical）示している表現である。そして三つ目は、これらがあわさってただ一つの対象を同定するに十分となっている表現である。そして、もし発話に不十分なところがあるなら、指示がうまくいくためには話し手が聞き手の求めに応じてこれらの表現のいずれかで、さらにその対象について何かを伝えられなくてはならないとされる。

サールは先の定式化をさらに洗練させたものとするために、指示の眼目が「話し手が次にそれについて何かを述べたりまた何かを尋ねたりするところのある特定の対象を選び出す、もしくは同定すること」[22]であることを今一度確認する。そして指示が話し手の側から説明されているこの指示の眼目を、聞き手側から捉えなおして、話し手の提示した表現から指示対象が何であるか曖昧なところなく聞き手が同定した場合であると提示しなおした。そのうえで、そのためには、存在公理と同定公理がそれぞれ改定された以下の二条件が満たされることが必要であるとする。

1．話し手のその表現にあてはまるただ一つの対象が存在しなくてはならない。

2．聞き手は話し手のその表現の発話からその対象を同定するに十分な手段を与えられなくてはならない。(23)

話し手が同定を試みているその「特定の対象」が存在していなくてはならないとともに、話し手の発話はその対象を同定するために十分なものでなければならないからである。

両方の条件に対して、サールは詳細な考察を行う。そのときこの条件は、話し手の発話した表現があてはまる対象、すなわち話し手が指示しようと意図する対象が（a）「少なくとも一つ存在しなくてはならない」と（b）「一つより多く存在してはならない」に分けられる。条件（a）について、記述子は記述的一般名辞（a descriptive general term）(24)であるかそれを含むものであるかであるために、記述子が述語づけられるものは少なくとも一つあれば満たされる。しかし条件（b）を、前者と同じように「記述子が真であるところのものがたかだか一つであるなら……満たされる」と考えるのは誤りであり、その誤りはうまくいった確定指示を、ある記述を満たしているただ一つの対象についての存在命題であると見なすことに由来する。(25)このように見なすことは、サールによれば定冠詞の機能を理解していない。それではその機能は何かというと、一意に指示するという話し手の意図を示すことである。

このような条件（b）の議論が十分でないことを認めながらも、サールは先に第二の条件について議論を行う。ここで言う「同定」とは「語られているものが正確に何であるかについて、もはやどのような疑いや曖昧さもないべきであること」[26]を意味し、次のように説明される。もしある文脈においてなされた話し手の指示が不明瞭であったなら、聞き手は「誰？」「何？」「どれ？」といった質問をするだろう。そして話し手はこれらの質問に答えることが求められている。質問の答えに対してさらに聞き手から「もう少し聞かせてほしい」という質問がなされるかもしれない。これらの質問に対する話し手による答えが「同定すること」となる。[27]このときになされる答えは「指示詞による提示（demonstrative presentations）」を一方の極、「一意的にその対象について真である純然たる一般名辞（descriptions in purely general terms which are true of the object uniquely）」を他方の極として、それらのあわさった表現からなる。逆に言うと同定はこれらの表現からなり、ゆえにこれらの表現を「同定記述（*identifying description*）」と呼ぶことができる。こうして第二の条件が満たされるためには、話し手が同定記述を提供できることが求められる。

このような第二の条件の議論から、サールは後回しにしていた条件（b）が満たされることは、第二の条件が満たされることと同じであると結論づけた。話し手があるただ一つの対象を指示しようと意図しているのならば、すなわち他のものとは違ってこのものを指示しようと意図するならば、その対象の同定記述が提出できる能力が求められる。このようにしてサールは同定原理（the principle of identification）を定式化した。

> ある表現の発話における確定指示がうまくなされているために必要な条件は、その表現が同定記述でなければならないか、あるいは話し手が求めに応じて同定記述を提出することができなくてはならないかのいずれかである。[28]

つまり、話し手は、自分の意図する対象が何であるかを聞き手に同定できるよう、同定記述を提出できることが必要であるということである。

第三節　フレーゲとサール

以上サールの議論で重要な役割を果たしているのが「同定」である。同定公理を定式化するとき、サールはそれを「重要な真理であり、実際歴史のある真理である、なぜならこれはあらゆる指示表現は意味を持たなくてはならないというフレーゲの言の一般化に他ならないからだ」と述べている[29]。

そこでフレーゲの議論に立ち返ってみると、固有名には意味が結びついているとされていた。そして固有名に結びついているその意味が、指示対象がどのようなものであるか、すなわち「対象の与えられ方」を示し、固有名の指示対象を決定するとされていた。

つまり両者とも、その対象がどのようなものであるかという、サールの場合は同定記述、フレーゲの場合は意味によって指示表現の指示対象が決定されるとしている。これが記述説の基本的な枠組みとなる。もっとも、たったいま言及したように、サールの議論は指示の一般論であった。このような同定記述は固有名とどのような関係になるか。またフレーゲは、意味は人によって異なりうる、固有名と置き換え可能なものとされていた。このようなフレーゲにおける名前と意味の関係をサールがどのように受け継いだか。これらは章を改めて確認したい。

註

（1） 以下フレーゲの紹介や著作についての記述は藤村龍雄「フレーゲの生涯と業績」『フレーゲ哲学論集』岩波書店、一九八八年、pp. 197–213による。

（2） Gottlob Frege, "Über Sinn und Bedeutung," in *Zeitschrift für Philosophie und Philosophische Kritik*, vol. 100 (1892): 25–50. 議論を再構成するにあたって以下を参照した。"Über Sinn und Bedeutung," in *Kleine Schriften*, herausgegeben und mit Nachbemerkungen zur Neuauflage versehen von Ignacio Angelelli, 2. Aufl., Georg Olms, 1990, pp. 143–162. ところで"Bedeutung"を「指示対象」と訳すことについては疑問が残る。というのは上述のとおりフレーゲのプロジェクトは数学の論理的還元であり、したがって、「函数と概念」「概念と対象について」などから見出されるとおり、Bedeutungとして扱われるものは「小池百合子」や「二〇一六年の五輪開催地」といった固有名によって明示（原語は、対象を不特定に示すとする"andeuten"と対比されている、特定的に示すとする"bedeuten"を意識している。なお、「二〇一六年の五輪開催地」という表現は、後述のとおりサールなら「確定記述」と言うであろうが、フレーゲなら「（　）年の五輪開催地」という空所を持つ函数表現が充足されることで生じた語結合（Wortverbindung）あるいは記号結合（Zeichenverbindung）と扱うだろう（"Funktion und Begriff," in *ibid.*, p. 134; "Über Begriff und Gegenstand," in *ibid.*, p. 178）。そしてフレーゲは、語結合の他、語（Wort）や記号（Zeichen）を「固有名」は意味するとする（"Über Sinn und Bedeutung," p. 147））される対象ばかりではなく、文の真理値や間接話法における文の思想もBedeutungとして扱われるとする（Ibid., p. 151）。したがって"Bedeutung"を「指示対象」と訳すことは、そのような"Bedeutung"として扱われるものの多さを見損なうことにつながるように思う。上述のとおり、"bedeuten"は"andeuten"と対比的に扱われており、またBedeutungがBezeichnetemの言い換えとして扱われるときもあるので（"Was ist eine Funktion?" in *ibid.*, p. 278）「明示されたもの」あるいは「記号づけられたもの」と訳出するのが適当かと思う。とはいえ、本章で本議論を扱うのは、記述主義の発端として扱われているためであるので、その後の議論の流れとの接続のために「指示対象」と訳出する。

なお、“Sinn”についても、その後の議論の流れの分かりやすさに鑑みて「意味」と訳出する。

（3）“Funktion und Begriff.” 一八九一年一月九日に、Jenaischen Gesellschaft für Medicin und Naturwissenschaft においてなされた。同年、イエナの Hermann Pohle 社より Vorwort を付されて出版された。引用は、*Kleine Schriften*, herausgegeben und mit Nachbemerkungen zur Neuauflage versehen von Ignacio Angelelli, 2. Aufl., Georg Olms, 1990 から行う。

（4）“Über Begriff und Gegenstand,” in Vierteljahrsschrift für wissenschaftliche Philosophie, 16 (1892): 192–205. 引用は、*Kleine Schriften*, herausgegeben und mit Nachbemerkungen zur Neuauflage versehen von Ignacio Angelelli, 2. Aufl., Georg Olms, 1990 から行う。

（5）たとえば当時、「哲学的分析」についての文献にアクセスしがたかったのを解消しようとして一九四九年に刊行されたファイグルとセラーズによるアンソロジー in Herbert Feigl and Wilfred Sellars (eds.), *Readings in Philosophical Analysis*, (NY: Appleton-Century-Crofts, Inc, 1949) に、すでに当該論文は収められている（ファイグルによる英訳“On Sense and Nominatum”）。また「言語哲学」を冠する書籍あるいは論文集も、この議論から始まるものが多い（坂本百大編『現代哲学基本論文集Ⅰ』勁草書房、一九八六年、服部裕幸著『言語哲学入門』勁草書房、二〇〇三年、W・G・ライカン著『言語哲学――入門から中級まで』勁草書房、二〇〇五年、松阪陽一編『言語哲学重要論文集』春秋社、二〇一三年、など）。近年も、分析哲学者の八木沢敬はその執筆した入門書の文献案内で次のようにこのフレーゲの論文を紹介した。「「意味」についてのフレーゲの区別／（分析哲学の要が言語・論理哲学だとすれば、その始まりを告げるのがフレーゲのこの論文である。分析言語哲学のアンソロジーでこの論文を収録していないものはまずない、と言うより、あるべきではない）」（八木沢敬著『意味・真理・存在　分析哲学入門・中級編』講談社、二〇一三年、268頁）。

（6）「≫a＝b≪を≫aはbと同一である≪あるいは≫aとbは相等しい≪と理解する」(Frege, 1990, p. 143, n. 1.)

（7）とくに説明はなされていないが、「AはCと同一である」というような命題がいくらでも作られてしまうからと思われる。

（8）以上、Frege, "Über Sinn und Bedeutung," pp. 143–144.

（9）Cf. "Über Begriff und Gegenstand," p. 169, n. 5, p. 172, n. 12; "Funktion und Begriff," p. 132, n. 6.

（10）高く評価しているのではなさそうである。Cf. "Was ist eine Funktion?" in *ibid.*, p. 280.

（11）Frege, "Über Sinn und Bedeutung," p. 144, n. 2.

（12）ただしそういった境地には人は到達できないともされる。Frege, "Über Sinn und Bedeutung," p. 144.

（13）考えるという行為ではなく、むしろその内容とされる。*Ibid.*, p. 148, n. 5.

（14）「指示は哲学者によって考察されてきた長い歴史があり、少なくともフレーゲまでさかのぼる……私たちが提示する理論はフレーゲに始まりストローソンの『個体と主語（*Individuals*）』に続く伝統のうちにある。そしてこの二人の論者に大きな影響を受けていることを読者は理解するだろう」。J. Searle, *Speech acts: An essay in the philosophy of language* (NY: Cambridge University Press, 1969), p. 77. サールとストローソンの影響関係については今後機会を改めて確認したい。

（15）カリフォルニア大学バークレイ校哲学科の HP を参照（二〇一六年八月七日）。http://socrates.berkeley.edu/~jsearle/、http://philosophy.berkeley.edu/people/detail/18

（16）Saul Kripke, "Naming and Necessity," in D. Davidson and G. Harman (eds.), *Semantics of Natural Language*, (Dordrecht: Reidel Publishing Company, 1972), p. 258.

（17）単称確定指示の概念じたい、形式的にはそうは見えても実はそうでないような表現があるためはっきりしたものではないとされる。Searle, 1969, p. 72. サールは指示を研究するにあたってまず典型例を研究し、そして境界事例を扱うのが適切なアプローチだとする。そうすることで、後者の前者との類似や差異がはっきりするためである。Searle, 1969, p. 28.

（18）英語であれば、関係節を含んでいたり定冠詞から始まったりしていることが多い表現であるが、日本語であれば副詞や形容詞によって修飾されている名詞句と説明できる。サールが単数の複合名詞句を「確定記述」と呼ぶのは便利さのゆえであり、それ以外に理由はない。サールはラッセルの記述理論を批判しており、ゆえにその名称は借用するものの、その理論にコミットしていないことを示す必要があった。Cf. Searle, 1969, pp. 157–162.

(19) Searle, 1969, p. 77, 79.

(20) 第一公理と第二公理について、サールはそれぞれ問題があると論じている。まず第一公理について（以下 Searle, 1969, pp. 77–79）。トートロジー的な「指示されるようなものがないならば、誰も指示することはできない」という解釈のほかに二つの問題があり、そのうちの一つは存在命題のパラドクスである。「金の山は存在しない（The Golden Mountain does not exist）」というような存在命題は命題としてはその対象が存在しないことを主張している。しかし「金の山」が対象を指示していると考えると指示対象が存在することになってしまうので自己矛盾となるというパラドクスである。サールによると、この問題はラッセルによって解決された。ラッセルは実質上、存在命題の文法上の主語は指示に使われているのではないと主張したとされ、それゆえ、指示が行われていないためにそもそも存在公理は適用されない、ゆえに解決されているとする。

もう一つの問題は、過去から現在にいたるまで存在しなかったサンタクロースやシャーロック・ホームズへの指示がなされているという問題である。これは反例であると見えるが、しかしそうではない。彼らは「フィクションにおいて存在している」ために、「フィクショナルな人物として」指示されるからである。サールによると、「通常の現実世界においては（[i]n normal real world）」シャーロック・ホームズは決して存在しなかったので、通常の語りでは彼を指示することはできない。しかし「フィクション上の、演劇上の、真似をしている語りの様態（the fictional, play acting, let's pretend mode of discourse）」では、彼はフィクションにおいて存在しているので指示することができる。ただしこのとき、「シャーロック・ホームズは今晩私の家にディナーに来る」という命題は、「私の家」を指示することにより通常の語りに引き戻されるために偽となる。また「シャーロック・ホームズ夫人は鹿撃ち帽を被っていた」という命題は、フィクション上の語りとはいえ、フィクションにおいてホームズは独身でありそのような人物はいないのでこれも偽となる。つまり、通常の現実世界の語りとフィクショナルな語りは区別され、どちらについても存在公理が適用されるということである。これについては第五章にて後述する。

また、第二公理についても、「ある対象について何であれ真であるものはその対象について真である」と解釈されるとトートロジーとなってしまい、「もし二つの表現が同じ対象を指示するなら、それらはすべての文脈で真理値を保って (*salva veritate*) 互いに置き換えられうる」と述べられると誤りであるという問題があるとされる (Searle, 1969, p. 77, 79)。たとえば、「明けの明星」と「宵の明星」は同じ金星を指すが、文「明けの明星は明け方東の空に明るく輝く星である」における「明けの明星」を「宵の明星」に置き換えることはできない。サールはこの問題を、些細だが彼の者作で扱う範囲を超えると退ける。

(21) Searle, 1969, p. 80.「伝達する (communicate)」という語を用いることについて、サールは、もっとも適切なのではないとする。指示においては、話し手が伝達した命題を聞き手はすでに知っていることが多いため、聞き手が前もってそのことを知らないことを示唆する「伝達」という語よりも「関心を呼び起こす (appeals to)」「引き起こす (invokes)」という語のほうが適切だからである。それでもサールは、日常的な物言いに則って「伝達 (communicate or convey)」を用いる。私見では、話し手の発言内容について聞き手が知っているいないにかかわらず、われわれの他者との言語生活を描写するのには「伝達する」よりも「引き起こしている」が適切であるように思われる。それによって誤解や取り違えなど、話し手の意図した伝達内容とは異なる内容を聞き手が得ている場合を例外としてではなく扱えるように思われるからである。

(22) Searle, 1969, p. 81.

(23) Searle, 1969, p. 82.

(24)「世界でもっとも高い山 (the highest mountain in the world)」の「山」、「私たちが昨日見た男 (the man we saw yesterday)」の「男」など。

(25) たとえば、「公金を私的流用して辞職した東京都知事」という確定記述が、「公金を私的流用して辞職した東京都知事が存在する」という命題であると考えるなどである。

(26) Searle, 1969, p. 85.

(27)「同定」そのものは、ただ一人の人間を選び出すことを含意しないようである。サールの説明によれば、「ひったくり犯は一八〇センチ超の大男だった」という発言は、それ以上ひったくり犯につて何も言えないとしても、ひいては「警察の面通しで彼を選び出すことができない」としても、同定するための発言をなしているとされる。
Searle, 1969, p. 85.

(28) Searle, 1969, p. 88.

(29) Searle, 1969, p. 80.

第二章　記述主義による固有名論 ―― クラスター説

はじめに

本章は、記述主義の代表的な論者として見なされているサールの固有名論を確認する。(1) 前章で確認したように、サールは「指示対象は意味によって定められる」というフレーゲの議論を参照し、「指示対象は同定記述によって定められる」という指示の一般論を提出した。この一般論は固有名に対してどのように適用され、その結果彼の固有名論とはどのような理論となったか。また、フレーゲの場合固有名の意味とは固有名と置き換え可能であり、その対象がどのようなものであるかという「対象の与えられ方」を示すものであるとされたが、このような名前と意味の関係をサールはどのように引き継いだか。本章の焦点となる問いはこの二つの問いである。

ついては本章は次のように展開する。まず、固有名がはらんでいるとされる言語哲学上の問題を、サールの見解に沿って確認する。次に、この問題をサールがどのように分析し、どのような解決策を提出したか、その議論を追う。その解決策となるのが、彼の固有名論である。最後に、提示された諸問題が、その固有名論によって解決されていることを確認する。

因果説が批判したのがサールのこの固有名論であることから、詳しく扱いたい。

第一節　固有名がなぜ問題になるのか

本節では、固有名が言語哲学においてなぜ問題になるのかを、サールの議論を整理する形で概観していく。一見したところ、固有名についての問題というものはなく、「固有名はその対象を表している（stand for）」と言えそうなものである。しかし「表す」とは明確なことではない。表しているとして、どのような方法で表しているのか。確定記述がその対象の一側面を表しているように、固有名もその対象を表しているのか。このような問いがあるからである。サールはこれらに代表される問いを「固有名は意味を持つか」という問いに転換して、そこから考察を始める。

この問いに対する答えの一つに、固有名は意味を持たない印であるという見解がある。サールはこの見解を唱えた人としてミルを挙げる。「固有名は外示（denotation）を持つが内示（connotaiton）を持たない[(2)]」。このように考えられた理由は以下のとおりである。確定記述は、当該対象のある一側面を記述することによってその対象を指示した。しかし固有名はそのような記述を行わない。また、ある確定記述がある対象にあてはまっていると知ることはその対象についての事実を知ることである。しかし、名前の指示対象を知っても、その対象について何かの事実を知るわけではない。これらの理由から、[3] 固有名はその対象を指示するが、それについての記述はしない。[4]

この答えに対しては三つの反論がある。一つ目は、存在命題でも固有名は使われるという反論である。「アフリカというような場所がある（There is such a place as Africa）」や「ケルベロスは存在しない（Cerberus does not exist）」というような存在についての命題では、もし指示が行われていたら、肯定命題ならトートロジーとなり、否定命題なら自己矛盾となる。したがって、指示をしているのではなく、何らかの記述的内容を固有名は持っていると考えられる。

二つ目は、同一性命題においても固有名が用いられるという反論である。そのような命題は、たんなる言語使用上の規則について述べているのではなく、重大な事実やある発見を述べることがある。しかし、もし固有名が意味を持たないなら、「AはBである」という同一性命題は「AはAである」と述べているのに等しく、それ以上の情報を伝えない。実際、もし固有名が対象を名指すだけであるなら、「栗本薫は中島梓である」という命題は、「栗本薫は栗本薫である」と言っているのと同じであり、「「伊集院大介」の作者が『タナトスの子供たち』の著者なんだ！」という驚きに満ちた発見を表すことはできなかっただろう。[5] そしてそのような発見を表すためには、固有名には記述内容が含まれることが必要と考えられる。

三つ目は、発話において固有名が用いられたとき、同定原理は他の指示表現と同様、固有名に対しても同定記述を話し手に提出することを求めるだろうという反論である。すると、固有名には何らかの記述がやはり携えられているように思われる。

これら三つの反論から、一見すると固有名は確定記述を省略した表現であると考えられるが、しかしサールはすぐに、この見解の問題点を示す。第一に、もし固有名が省略された記述であるなら、記述は固有名の定義上の同値（definitional equivalence）として扱われることになる。しかし実際、私たちは固有名の定義というものを持たない。たしかに人名事典などにはある名前を持つ人物についての記述が見受けられるが、それらの記述はその名前の持ち主にとって偶然的な出来事であった。そのために、同値としては扱われない。

それどころか、第二に、固有名に換えて記述を用いることが果たしてできるのかという問題がある。かりにある対象についての記述をすべて集めて、それらをその対象の名前の意味であるとする。すると、その名前を使った命題は、真であるならすべて分析的であり、偽であるなら自己矛盾となる。また、対象に変化が生じるときはそれに伴って名前の意味も変わったり、その名前を用いる人ごとに名前の意味も異なったりするということになる。

つまり、一見したところ名前に意味はないと思われるが、存在命題や同一性命題を考えると名前に意味があると考えざるを得ない。しかしそう考えるとやはり受け入れがたい結論に到る。こうして、名前に意味があると考えても、反対にないと考えても、問題が残ると見えるために、固有名は問題となる。

以上、サールの見解に沿って、名前がなぜ言語哲学において問題になるのかを確認してきた。以下ではこの問題に対するサールの分析を確認していきたい。

第二節　サールの分析

前節で確認したように、「固有名は意味を持つか」という問いは答えかねる問いだった。サールはこの問いに対して、「固有名は意味を持つか」という問いを、「主語が固有名で述語が記述表現である命題で分析的な命題はあるか」という問いに直して考察を始める。[6]

この問いに対する答えは、弱い意味で分析的な命題はあるというものである。固有名の特徴は、同じ対象を異なる機会においても指示できるというものである。したがって、時間の経過を経ても、同じ対象を指示しているという、その保証がなくてはならない。それを保証するものはその対象が同一であるという基準であるが、その基準をその対象の固有名を使う人は説明できなくてはならない。そしてそのような基準を、記述的一般名辞が提供する。たとえば、固有名「アリストテレス」「広島」「フランス」の対象は、時空の懸隔を経ていても、それぞれ同じ「人」であり、同じ「都市」であり、同じ「国」である。このように、何らかの一般名辞がどの固有名にも分析的に結びついているとされる。[7]

しかし、先に「弱い意味で」と条件を付した理由でもあるが、このような記述的一般名辞は指示対象を同定するものではない。「固有名は意味を持つか」という問いにおける「意味」とは、指示対象を同定するための、前章でのフレーゲの言を借りれば「記号づけられたものの与えられ方」を示し、それによって指示対象を同定するものであった。記述的一般名辞では、いくら分析的に真であるとはいえ、指示対象を同定することはできない。

そこでサールは、同定原理を参照する。前章で確認したとおり、同定原理によれば、固有名を用いる人はその固有名の指示対象の同定記述を提出できなくてはならなかった。そして同定記述は、記述と指示詞、そしてそのあわさった表現からなっているのだったが、新たな名前を学ぶ場面を考えてみると、同定記述が名前とともに与えられる。このときに与えられる同定記述は名前の意味にならないのだろうか。

同定記述が名前の意味であるという見解は首肯しがたい。サールはさらに、ある人が名前の同定記述として用意した記述が、他の人によって用意された記述と異なっている場合があるかもしれないという問題を出す。このとき、一方の人にとって定義的に真であった記述が他方の人にとって偶然的に真であるということになるかというとそうは考えがたく、そしてそのような場合にも、この話し手と他の人が異なる言語を話しているということにはならない(8)。

また、問題になっている対象の同定記述が誤りであったことが発見されるかもしれないが、だからといってその名前を捨てることはないし、その誤りを発表するような言明に対して矛盾していると考えることもない。サールはこのような事情を立ち入って吟味し、ある対象についての特定の記述が誤っていることはありうるが、その対象についてのすべての記述が誤っていたと考えることは明らかにできないとの洞察に到る。このような洞察からサールは固有名には諸記述の選言 (disjunction) が分析的に結びついていると考え、そしてその指示対象はそれらが真である対象であると結論した。

「アリストテレス」という名前を使っている人たちに、彼についてのある重要で、そして確立した事実と彼らが見なすことを言ってもらうよう頼むとしよう。彼らの答えは一連の同定記述を構成するだろう。そして私は、たとえそれらのうちのどの単独の記述もアリストテレスについて分析的に真ではないとしても、それらの選言はそうであると論じたい。これは次のように言える。ある対象を同定する独立した手段を持つとき、その対象について「これがアリストテレスだ」と言えるところの条件は何か？　その条件、すなわち言明の記述的な力とは、十分な、しかしまだ特定されていないこれらの言明（もしくは記述）がその対象について真であることだと私は主張したい。[9]

「アリストテレス」という名前を使っている人たちに、このような依頼をなす。すると「スタゲイラ出身の古代ギリシャの哲学者」「万学の祖」「アレクサンドロス大王の家庭教師」「プラトンの門人」「リュケイオンの創始者」といった記述が提出されるだろうが、どの一つの記述もアリストテレスについて単独で分析的に真であるのではない。というのは、今後、考古学や文献学の進展によって覆されることがありうるからだ。しかし、これらの記述の選言となると事情は異なる。もしどれかの記述が偽であることが分かったとしても、だからといってすぐに「アリストテレスは存在しなかった」ということにはならない。しかし「その対象の名前の使用者によってその対象について真であると信じられている同定記述のどれもが、ある独立に特定された対象について真でないことが判明したなら、その対象は名前の保有者と同一ではありえない」ので、したがって「すくなくともこれらの記述の一定程度を満たすことがある対象がアリストテレスであるための必要な条件である」。こうしてサールは、固有名には同定記述が選言という形で分析的に結びついているため、固有名には意味があると考える。ただしここでいう「意味」とは、上述のとおり、固有名と対象の諸性質への記述とには、論理的な結びつきがあるという意味である。[10]

ところで、本章で問題となっていた問いは二つあった。一つ目は、指示の一般論が、固有名に対してどのように適用されるかという問いである。二つ目は、フレーゲの提示した固有名と意味との関係をどのようにサールは引き継いだかという問いである。

一つ目の問いに対しては、同定原理が導きとなって固有名論は打ち立てられたと答えられる。「「アリストテレス」とは誰か」という問いに対して提出される一群の同定記述が選言という形で名前には結びついており、逆に名前の指示対象はその記述群の一定程度を満たすものである。また二つ目の問いに対しては、次のように答えられる。サールはフレーゲの「対象の与えられ方」という考え方を「同定記述」として引き継いだが、名前と「対象の与えられ方」の関係を「意味」という名前と同値なものではなく、名前に「記述」の選言が結びついているという「緩い方法で」関係しているとした。こうして、ある人の同定記述として提出される記述が異なっていても、問題ないとされる。「意味」と考えることで生じる不具合が生じないような仕方で継承したと言える。

こうしてサールは指示の一般論から固有名論へとその見解を進めた。その見解は、固有名に記述群が結びついているということからクラスター説とも呼ばれている。

第三節　問題の解消

ところで、サールがこのような見解を提出したのは、固有名に意味があると考えてもないと考えても不具合が生じるという問題を解決するためでもあった。そこで以下では、第1節で提示されていた諸問題がどのように解決されているかを確認する。

まず問題となっていたのは、存在命題と同一性命題の扱いであった。存在命題での問題とは、「アリストテレスは存在しない」という命題は、「アリストテレス」がその対象を指示しているため自己矛盾が生じるというパラドクスだった。このパラドクスは、クラスター説にしたがうと、「アリストテレス」に結びついている記述のうち不特定だが十分な数の記述が誤りであったと述べていると解釈され、解消される。ただし、具体的にどの記述が誤りであったら「アリストテレスは存在しなかった」ということになるかははっきりせず、それは前もって決められることではない[11]。

次いで同一性命題に関わる問題である。「中島梓は栗本薫である」という命題は、「中島梓は中島梓である」と異なる認識価値を持っているように思われるため、記述内容が求められるという問題だった。この問題について、クラスター説にしたがうと、「中島梓は栗本薫である」という命題は、双方の名前に結びついている記述が同じ対象について真であると理解される。そして、双方の名前に結びついている記述が異なっていたとき、それはある発見を表しうるとされる[12]。

そして同定原理の扱いについてである。それが導きとなってクラスター説という見解に到ったのであるが、話し手も聞き手もその名前の同定記述を提出できるので[13]、同定原理を満たすと考えられるとされる。

これらの問題は、「固有名に意味はなく、それは指示する記号である」と考えたときの問題であったが、逆に、「固有名に意味がある」と考えるときにも問題は提出されていた。そのときの問題とは、一つは記述が固有名と同値になるという問題であり、もう一つはそこから派生した、固有名の代わりに記述を用いることはできないという問題だった。まず一つ目の、「記述が固有名の定義となり、同値として扱われる」という問題に対してである。右のように、「どの単独の記述もアリストテレスについて分析的に真ではないとしても、それらの選言は〔分析的に真〕である」という形で名前と記述が結びついており、また「十分な、しかしまだ特定されていないこれらの言明（もしくは記述）がその対象について真であることだ」と考えることは、不明確あるいは非精密（imprecision）なものとして名前の意味があるということだが、この不明確さによって名前は確定記述とは異なる機能を持つものとして分類される。その結果、固有名と記述は同値関係にはならず、固有名は独自の機能を持ち続けるため、記述と異なるものとして言語のなかにその役割を占める。

このようにして固有名に関わるいくつかの問題は解決されたかに見える。しかし、その後、このクラスター説に対しても異論が提起されるようになった。その異論を確認するのは、次章で行うこととしたい。

註

（1）サールの固有名論は初め *Mind* 誌に掲載され、のちに Caton による日常言語学派の主要論文を収めたアンソロジーに収録された。J. Searle, "Proper Names," *Mind*, 67 (1958), pp. 166–173, reprinted in C. E. Caton (ed.), *Philosophy and Ordinary Language* (Urbana: University of Illinois Press), 1963, pp. 154–161。本章ではサールの議論を再構成するにあたり、適宜 "Proper Names" を参照しつつも、基本的には *Speech acts* 第七章を参照した。J. Searle, *Speech acts: An essay in the philosophy of language* (NY: Cambridge University Press, 1969), pp. 162–174.

（2）J. S. Mill, *A System of Logic*, book1, chap. 2, para. 5. ミルは名前（名詞）を分析するにあたっていくつかの区別を行っており、その区別の一つが内示的（connotative）と非内示的（non-connotative）の区別である（connote は語源的には、con（一緒に）＋notare（印づける）となり、「他と一緒にあるものを印づける」という意味になる）。非内示的というのは、「ただ主体（subject）のみ」「ただ属性（attribute）のみ」を表す（signify）語で、「ジョン（John）」「ロンドン（London）」「白さ（Whiteness）」「長さ（Length）」などが挙げられる（「ジョン」「ロンドン」は主体のみ、「白さ」「長さ」は属性のみを表す。「主体」とは「属性を所有するもの」を意味している）。しかし「白い（White）」「長い（long）」は内示的な語であり、「白いという語は、雪、紙、海の泡、などなどといったすべての白いものを外示（denote）し、白さという属性を示唆する（implies）、あるいはスコラ学者によって術語づけられたように、内示する」とされる。そのようななかで、固有名は、非内示的と位置づけられる。これらは、その名前によって呼ばれている人を外示するが、しかしその人たちに属している性質を示すことはない。（当時の名付け状況を影響しているのだろうが、）たしかに名前には（父の名にあやかった、などの）名付けられた理由があるかもしれないが、一度与えられたらその理由とは無関係なものとなり、名前の意味のうちにその理由を見出すことはできなくなる。こうして固有名は対象そのものを指し、その性質とは独立することになるとされる。なお、ミルの議論は以下を参照した（二〇一六年一〇月一二日閲覧）。A System of Logic: Ratiocinative and Inductive: 7th Edition, Vol. I/John Stuart Mill (http://www.gutenberg.org/ebooks/35420)

（3）また、英語での表現技法に基づいた議論になるが、確定記述は定冠詞を不定冠詞に変えることで指示表現から普通の述語表現へと変化させられうるのに対し、固有名は、そのような転換ができないという違いもあるとされる。“the man”は“a man”に変えられるということだが、これが意味するのは次のようなことであるだろう。“The man who robbed me was over six feet”という文において、確定記述は“The man who robbed me”であり、これがある一人の男を選び出す。このとき、その指示対象である男に対してHe is a manと述語づけることが可能である、それは、もとが一般名辞を含んでいるからだ。それに対して、固有名に不定冠詞を付した場合は、「もとの人物のような人である」という形容詞になるか、あるいは「そのように呼ばれている人」という扱いとなる。“He is a Napoleon”は“He is like Napoleon in many respects”（彼はいろんな点でナポレオンのような人だ）を意味し、“He is a Robert”は“He is named Robert”（彼はロバートという人だ）を意味する。ということは、“Napoleon”によって指示される人に対してHe is a Napoleonと述語づけることはできない、あるいは別の言い方をすれば、"Napoleon"によって指示される人とは別の人に対してそのように述語づけられるということであり、また、後者については「Xと呼ばれる男」という記述はそれだけでは同定記述にならないと言われるように（Cf. Searle, 1969, p. 170）、その対象の一性質を表すことはできない、ということかと思われる。

なお、上記は英語の事例であり、日本語においては事情は異なるのではないかと思われる向きもあるかもしれない。とくに、日本語における漢字表記の名前は、それが表意文字であるため、名前を知ることでその対象（名の持ち主）の性質を知ったように思うこともあるかもしれない。実際、「名は体を表す」というように、名前に示されているような性質がその人に現れていることもあるらしい。その一方で、「名前負け」という語があるとおり、名前を知ったからといってその対象の一性質を知っているとは言いがたい場合があるようだ。

ほかの言語ではどうなるかというと、たとえばアラビア語では、一部の名前は意味を表していることがあり、たとえば「マフムード（mahmūd／محمود）」という名前は「祝福された」という意味を持つ。ではこのとき、彼が祝福された人生を送っているかというと、それは偶然的な出来事であるのでやはり名前がその対象を記述しているとは言えないだろう。

（4）なお、サールは、記述が対象の一性質を指示しているのに対して固有名は対象そのものを指しているという見解を、形而上学的な誤謬として拒絶する。

（5）栗本薫（1953–2009）は推理小説作家、「伊集院大介」や「栗本薫」シリーズを生み出したが、同時に「中島梓」名で評論も手掛けていた。『タナトスの子供たち』筑摩書房（1998年）は現代社会論。

（6）「ある命題が分析的（analytic）である」とは、経験による調査を経ることなく、言語上の規則のみによってそれが真であることとされる。Cf. Searle, 1963, p. 154.

（7）かりに、ある時点t1でアリストテレスが人であり、別の時点t2でアリストテレスは人なく草木だったという状況を想定すると、その対象が「アリストテレス」と呼ばれる同一性の基準を必要とする。Cf. Searle, 1969, p. 167.

（8）前章で引用した「アリストテレス」の名前の例から見受けられるとおり、フレーゲは名前を用いる個々の人によって名前の意味が違っていることに批判的である。そしてフレーゲは同じ名前を用いていても異なる意味を結びつけているときに、その人たちは同じ言語を話していないと判断している。その理由は、話し手は双方とも、指示対象が同じであることを知らないからである（Cf. Frege, "Logische Untersuchungen," in *Kleine Schriften*, herausgegeben und mit Nachbemerkungen zur Neuauflage versehen von Ignacio Angelelli, 2. Auf., Georg, 1990 pp. 349–350, cited in Searle, 1969, p. 169）。サールはフレーゲのこの見解に対して、ある固有名が、ある一つの言語の一部であると考えることはほとんどない、と注意している。

（9） Searle, 1969, p. 169.

（10） サールはしたがって自分の説をフレーゲとミルの折衷案と位置づける。それによれば、ミルは固有名がある特定の記述を伴うことはないと考えた点で正しく、そしてフレーゲは対象の与えられ方に着目した点で正しかったが、それを定義的な意味とした点で誤っていたとされる。Searle, 1969, p. 170.

（11） Cf. Searle, 1963, p. 159.「「アリストテレス」の基準を何が構成するのかという問いは総じて未決である。実際そういった問いはめったに生じない。そしてそれが生じたときは、この基準がどのようなであるべきかを多少恣意的にではあれ、決めるのは私たち、名前の使用者である」。

（12） そして、両方が同じ記述を持っていたり、一方の記述が他方の記述に含まれていたりしたらその命題は分析的ということになる。（Searle, 1969, p. 171）。なお、ある命題が分析的であるとは、「ある命題が、いかなる経験的な探索に頼ることなくただ言語規則のみによって真であり、そのときのみ真である」と説明される（Searle, 1963, p. 154）。

（13） なお、このとき、両者が同じ記述を提出できる必要は、その対象について正しい記述を提出していたら、必要ないとされる。

第三章　記述主義への批判 —— 指示の因果説

はじめに

前々章は記述主義の基本的な枠組みを確認し、前章ではその枠組みに基づいたサールの固有名論を確認した。本章では、記述主義に対してなされた批判と、そしてその対案として提出された、指示の因果説と総称される議論を確認する。記述主義に対する批判のその最初の形態は、記述主義の、記述に合致するものが記述の指示対象であるとの主張に反例があるという議論だった。そこから、記述主義に立脚した固有名論に対する批判がなされるようになる。誰がどのような理由から批判を行い、代わりにどのような説を提案したのか。

本章では、キース・ドネラン、ソール・クリプキ、そしてヒラリー・パトナムの議論を確認する。彼らは記述主義を批判した哲学者のなかでも主要な存在であり、とくにクリプキの議論は「指示の新理論のもっとも完全で影響力のある表現であり、指示、名指し、自然種、必然性、分析性、そして同一性といった主題についての昨今の思想に深く影響を与えている」と評される。ドネランとパトナムの議論も「これらの主題と新理論の展開に先進的な役割を果たして」おり、後続の議論は彼ら三人に多大な影響を受けている。(1)

もっともドネランの議論とクリプキ、パトナムの議論では、記述主義に対する批判および自説の主張の論点が異なる。固有名の議論にとどまったドネランの議論とは異なり、クリプキとパトナムの議論は自然種名にまで議論の範囲が広がって対象の必然性や本質性といった論点に立ち入り、とくにパトナムの議論は科学理論の性質にまで立ち入っている。一方でパトナムは、すくなくとも直接にはクラスター説の批判をしているわけではない。ついては以下各節でそれぞれの議論を確認するにあたり、ドネランの議論を確認したあとと、クリプキとパトナムの議論を確認したあとに、それぞれ少考を挟む。一つ目の少考では、記述と固有名の関係について、サールとドネランの双方ともが注目していたことを示す。記述と固有名のあいだには、不明瞭さ、曖昧さがあるが、それに対する態度がサールとドネランでは異なる。二つ目の少考では、記述の性質について、クリプキとパトナムがそれは名前の定義ではないと強調していたことから、記述主義で、すくなくともサールの議論で、どのように両者の関係が扱われていたかを整理する。また、因果説に対して記述主義を擁護しようとして、自然種や固有名の議論において、同定記述として本質的な性質についての記述を用いると提案するのが妥当であるかを確かめる。

指示の因果説の代表的な各論および記述説ときわだって対立すると見える箇所を確認し、整理して提示することで、両者の特徴がより明らかになるだろう。

第一節　ドネランによる議論

キース・ドネラン（Keith Donnellan, 1931–2015）の指示理論への貢献は二点ある。一つは確定記述の用法に区別があることを指摘した点、もう一つは記述主義を批判して歴史的説明説を提出した点である。

1. 確定記述の二用法

前章および前々章で確認したとおり、記述主義とは、指示を行っている記述（あるいはそのような固有名に結びついている記述）に一致している対象が指示対象であると考える立場であった。ドネランはこの記述主義に対して、記述に一致していない対象が記述の指示対象である場合を反例として提出した。確定記述の二つの用法の区別を行うことで、ラッセルの記述理論およびそれへのストローソンの批判を考察するためである。(2)

確定記述の二つの用法のうち、一方の用法は、属性帰属的用法（the attributive use）と呼ばれる。属性帰属的に確定記述が用いられるとき、話し手は、あるものやある人の性質などがその記述に一致するような性質であると主張しているとされる。そのため、その確定記述が用いられることは本質的であると言える。それに対して、もう一方の指示的用法（the referential use）と呼ばれる方法で確定記述が用いられる場合は、話し手は、自分がそれについて話そうとしている対象に、聞き手の注意を引くための手段としてそれを用いている。したがって、その確定記述が用いられる必然性はない。他の手段によって代替できるためである。二つの用法はどちらとも、話し手がそれについて話そうと思っているものを指示するために用いられる。

ある確定記述がどちらの用法で用いられるかはその用いられている状況による。そしてまったく同じ文が異なる用法で用いられることもある。ドネランは「スミスの殺人者は正気でない（Smith's murderer is insane）」という発言を例に出す。誰からも愛されていたスミスが死体となって発見された。その凄惨なありさまに、その現場を目撃した人から右の発言が漏れ出た。このとき、その発言者は「スミスの殺人者」にあてはまる人を知らない。しかし、「スミスの殺人者」という発言は誰であれスミスを殺害した人物を指示しており、「正気でない」と述語づけられているのはその人物となる。これが属性帰属的用法である。その後、スミスを殺害した容疑で裁判にかけられているジョーンズが、被告人席で奇妙なふるまいをしていた。このとき、ジョーンズのふるまいから、傍聴人から同じ「スミスの殺人者は正気でない」という発言がなされた。このとき、「スミスの殺人者」はジョーンズを指示している。これが指示的用法である。

この違いは、スミスを殺害した者がいなかったとき（たとえばスミスは自殺した）にもっとも明らかになる。属性帰属的にその使用がなされていたとき、「正気でない」と述語づけられるような人物は存在しない。「スミスの殺人者」という記述に一致する人がいる場合のみ、「正気でない」との述語づけが可能となる。それに対して指示的用法の場合（この場合ジョーンズは誤って起訴されたことになる）、「スミスの殺人者」によってジョーンズを指示することは依然可能である。「スミスの殺人者」は話し手が聞き手に対して問題となっている人物への注意を引きつけるための一手段でしかなく、「正気でない」との述語づけはそのように指示された人物に対してなされている。注意を引くためには「彼」とか「被告人席の男」という他の代名詞や記述でも可能である。こうして指示的用法の場合、ある対象が記述に一致していなくても、指示はなされる。

このような区別は主張文だけではなく、疑問文あるいは命令文でもなされる。パーティー会場で、マティーニグラスを持っている男が気にかかって、「マティーニを飲んでいる人は誰か」と尋ねたとする。このとき、男のグラスに入っているのはマティーニではなく、水であった。このとき、「あのマティーニを飲んでいる人」という記述はその対象となる人物と一致していない。しかし、かりにそうであっても、この記述はそのマティーニグラスを持っている男を指しており、尋ねられた人は応答可能である。これが、指示的用法としての使い方である。それに対して属性帰属的用法の場合は、記述に一致する対象がない場合は疑問が成立しない。たとえば地域の禁酒連合の年次総会の場で、マティーニを飲んでいる人がいるという報告が議長に対してなされた。議長は立腹して、「マティーニを飲んでいる人は誰か」と聞いた。このとき、議長は特定の男を念頭においているわけではなく、もし情報提供者が誤っている場合、問いに対する答えとなる人物を選び出すことはできない。

このような説明から、ドネランは指示的用法と属性帰属的用法の違いは、総じて、指示対象が記述に一致していない場合にきわだって明確になるとする。[3] そしてそれは、話し手の想定が関わっているとされる。もちろん両方の場合とも指示対象が記述に一致しているとの想定のもと話し手は指示を行っているわけだが、想定の仕方が異なっており、指示的用法の場合、話し手は、ある特定の（particular）対象が記述に一致していると想定しているが、属性帰属的用法の場合、そのような特定の対象という想定はなく、何かあるものか別のもの（someone or the other）が一致していると考えているとされる。

ドネランはこの二つの用法の区別を導入したあと、それに基づいて、目的としていたストローソンとラッセルの議論の検討に向かい、それぞれに対してこの区別に基づいて分析を行う。しかし本章では、ドネランが「記述に一致していない対象が確定記述の指示対象であることがある」という考えを提出したことに着目しておく。

（1） 固有名の指示への批判

続いてドネランは固有名の指示を論じる[4]。それにあたってドネランは、まず多くの論者が肯定的に論じているとして同定記述の原理（the principle of identifying description）を取り扱う。ドネランはこの原理を、固有名を用いる人は「その固有名で誰、あるいは何を指示しているのか」という問いに対して、論点先取ではなく、一連の記述を提出できなくてはならず、そしてその同定記述のセットのうちの十分な数の記述を、その固有名の指示対象は一意に満たさなくてはならないと定式化する[5]。ドネランは、この原理を誤っていると判断し、その理由として、同定記述に一致しない対象が指示対象であり、また逆に、記述に一致している対象が名前の指示対象でないことがあるから、の二点を挙げる。

ドネランがこのことを示すために挙げたいくつかの反例[6]は、記述に一致することは指示対象であることの必要条件でも十分条件でもないと示すものであったり、また次節で示す「歴史的説明説」の原型や先に示した「確定記述の二用法」の区別に思い到らせたりする例である。たとえばある学生が友人に、昨晩の夜会で有名な哲学者に出会ったと話していたとする。その学生はちょうど当該哲学者の著作を読んでいたことから彼について「『××』の著者」や「△△主義の第一人者」という記述を持つようになっており、ゆえに「それは誰か」と問われたら答えることができた。ゆえに、記述主義に則ると、彼の発言における「哲学者」は有名な哲学者当人を指示していると考えられる。しかし彼が出会った男は同姓同名の別人であった。この場合、この学生は有名な哲学者を指示していると直感的に考えられるものの、その当の言明は偽ということになる。ところで一方、この学生が「夜会である人がかの哲学者の足につまずいていた」という発言をしたら、このとき学生が指示しているのは哲学者ではなく、夜会の会場にいた男であると考えられる。この例を通してドネランは、「名前の使用者（たち）はこの方法で何を記述しているか」と問うのが「何が十分に彼ら〔名前の使用者たち〕が与える記述に一致しているか」と問うよりも適切である場合があることを指摘し、二つ以上の指示対象がある場合に同定記述の原理では対応できないとする。(7)

同じような見解が次の例でも示される。「タレス」という名前はある歴史上の存在者を指示する名前であり、ある人が用いるその名前の同定記述は、その人の哲学の先生など、他の人の使用に依拠しているはずである（そしてその先生も、哲学史の本などに依拠しており、その本の内容は……と連綿と続く）。しかし具体的にどのようにその名前が使用者の元へと伝達されたか（誰に教わったか、何からその名前を得たか、など）は定かではない。しかし、この伝達の歴史が重要なことがあり、同定記述の原理の信奉者はそれに気づいていない。タレスを同定する記述は「すべてが水であると考えたギリシャの哲学者」というようなものであり、記述主義に則ればその記述に一致する人が「タレス」の指示対象となる。しかし、かりにこの人が、その名前「タレス」を使用する私たちのもとへと連なる伝達の歴史に関わっていないなら、指示対象ではないと考えられる。たとえばアリストテレスとヘロドトスがそのテキストを記述するときに創作を行って、その結果、偶然にも「すべてが水であると考えた」という記述が一意的に、彼らが知らず、そして今まで誰にも指示されてこなかったある男についてあてはまったような場合である。この男がこのとき私たちが知っているタレスであると考えがたい。あるいは、アリストテレスとヘロドトスはたしかに実在した人物について記述していたが、実はその男は哲学者ではなく、「すべてが水であったら井戸を掘らなくてよいのに」と望んでいた井戸掘りであったとする。つまり彼ら二人がその男の所行について「すべてが水である」とその人物が考えたと事実と異なる事柄を書いていた場合、「タレス」という名前に一般に結びついている記述（「すべてが水であると考えた哲学者」）にあてはまる人はいない。しかし哲学史の教科書が存在していない人について指示しているかというとそうは考えられず、タレスは井戸掘りであったと結論するだろうと考えられる。

　また、ドネランは、「話し手が同定記述を提出できる」という話し手の能力という条件に疑いを投げかける。そして次のような例を挙げる。ある子供がパーティー会場で寝ていたところを起こされて、ある男を紹介された。トムと紹介されたその男は、子供と二言、三言交わした。パーティーの終わった後、子供は両親に「トムはよい人だ」と述べた。「トムとは誰か」と親が聞き返すと、子供は「トムはパーティーにいた」と答え、それ以上は答えられなかった。すなわち、その子が提出できる同定記述は「トムはパーティーにいた」だけである。さらに、子供はトムの顔を覚えていないので「この人」と指し示すこともできない。また、「トム」という名のパーティーの出席者は大勢おり、この両親は頻繁にパーティーを開いていた。このとき、この子供は自分が名指した「トム」の指示対象を選び出せないだろう。しかしだからといってこの子供が指示している人が存在しないということにはならない。また両親も、子供が指示している人物を推論して、子供の指示対象となる人物を見つけ出すことができる。こうしてドネランは「名前のあらゆる使用のうしろに同定記述の支えがあるという要請はきわめて疑わしい」と主張する。

　ドネランは自分の見解を、「指示対象は何であるか」という問いから「話し手はこの機会にその述語を何に帰属させているか」という問いに変換させたものとして扱う。(8) この問いは、名前の伝達の歴史が重要になる場合に有効になるとされる[9]。

（2）　歴史的説明説

このようにして記述主義に批判を加えたドネランは自説を「歴史的説明説（the historical explanation theory）」と名付け、次のような説明を行った。

主な考えは以下のような考えである。話し手がある個人を指示し、その人について何ごとかを述語づけようと意図して名前を用いるとき、指示が成功するのは、話し手が何ごとかを述語づけようと意図したある個人が何者であるかについての歴史的に正しい説明にその人が加わるときだろう。そしてその個人が指示対象であるだろうし、その言明はその個人が述語によって表された性質を持つかどうかによって真あるいは偽であるだろう[10]。

ドネランは続けて次のように説明する。ある人が「ソクラテスは獅子鼻だった（Socrates was snub-nosed）」と言う。この説に従うと、ソクラテスとは記述主義が言うように話し手によって提出された同定記述にもっともよく一致する人ではなく、「そのときの「ソクラテス」という名前の使用に歴史的に関係づけられた人」となる。

歴史の全知の観察者（the omniscient observer of history）が対話篇の著者に関係する人を見る。これらの対話篇の中心となっている登場人物たちの一人はその人がモデルとなっている。これらの対話編は伝播され、話し手はその翻訳を読む、話し手のあるものが獅子鼻であるという述語づけはこれらの翻訳を読んだことによって説明される……。[11]

「歴史的説明」と言うことで、ドネランはこの引用のように、ある人がその名前を使用できるようになるための（その人の内面での言語の獲得過程というようなのではなく）名前の持ち主からの使用者までの、名前の伝播の過程を指す。逆に言えば、この過程を逆にたどって、使用者の側から、指示対象となっている人へとたどっていくことが求められる。そして、かりにさかのぼった結果、その人が獅子鼻でなかったら「ソクラテスは獅子鼻であった」というその言明は偽ということになる。また、この方法によって、話し手が同定記述を提出したときにそれらが誤っていた場合にも、なぜ誤った同定記述を話し手が得るようになったかが説明され、正しい指示対象が得られるようになる。[12] つまり同定記述による同定と歴史的説明が異なる場合、歴史的説明はなぜ、同定が誤って伝えられたかを説明できる。

このようにしてドネランは同定記述の原理に対して、記述にあてはまらない対象が指示対象であることがある、話し手は記述を提出できる必要はない、などの批判を加え、自説を展開した。なお、ドネランも歴史的説明説を手放しに推しているわけではなく、問題点や説明の必要のある事柄をいくつか検討している。そしてそのなかに存在命題についての問題がある。[13] 第二章で確認したとおり、固有名の指示に関わる問題には存在命題と同一性命題の問題があったが、ドネランはとくに存在命題の否定命題を歴史的説明説がどのように対応するかを検討した。そして、存在否定命題は、指示対象の同定が妨げられるような出来事によって歴史的説明が中断されていることで説明され、名前の伝播の歴史が指示対象となるような人物ではなく、そのような「ブロック」となる出来事に終わってしまうことによる、と論じた。たとえば、かりに『アエネーイス』がウェルギリウスによって創作されたのではなく、実は何人かの人による合作だったとする。しかし、歴史のどこかの時点である学者が、何らかの理由で、『アエネーイス』はある一人の人物によって創作された物語であると定式化し、その人物を「ウェルギリウス」と名付けたとする。このとき、「ウェルギリウスは素晴らしいラテン文学者だ」と発言した現代の私たちが、「ウェルギリウス」の歴史的説明を得たとき、かの学者が「ウェルギリウス」と名付けた時点が「ブロック」の発生した時期となる。こうして、「ウェルギリウスは存在しない」というような言明においては、一見「『アエネーイス』を執筆した人は存在しない」と記述主義の立場に立って説明するのがよいように思われるが、そのような説明は採用されない。[14] なお、ドネランはその指示対象が存在しない発話がされたとき、その話し手は「真理を話し得ない。もっともさまざまな理由から、彼は命題を表現さえしていないと言うのが適切であると考えてはいるが[15]」と述べ、そのような発言は真偽の範疇外であるとした。

2. 少考 ―― サールとドネランの見解の差異 ―― 曖昧さについて

以上までにより、ドネランによる記述主義への批判および歴史的説明説が確認された。ここでドネランが行った記述主義批判から、サールとドネランの見解の差異を整理する。

ドネランは反例を列挙するにあたり、自分が挙げる例は「疑いなく人為的（artificial）に見えるしおそらくそれだけで十全に説得力があるとは取られない」と前もって注意し、また、「もし先の反例が説得的であったなら」と念を入れていた。[16] そのような人為的な反例の列挙という方法によって記述主義を批判したのは、ドネランに言わせれば、記述主義、なかんずくサールが曖昧な「不明確な（ill-defined）記述の「十分な（sufficient）」数という概念」を用いていたからであり、したがってドネランは、記述主義がそのような曖昧な概念に逃げ込むことがないように、対象に一意的で、かつ話し手が用いることのできる記述と指示対象がまったく一致しないような、そのような例を創作した。

前二章で通覧したとおり、記述主義には名前と記述の関係を置き換え可能という緊密な関係に取るフレーゲの立場と、名前は記述の「ペグ」であるという緩い関係に取るサールの立場がある。ドネランはいずれの立場についても不合理な結果に終わることを示そうとした。前者については、「アリストテレスはアレクサンドロス大王の家庭教師である」と言うときに、第一人者と初学者は違う命題を表現している。[17] また後者についても、アリストテレスの記述について、その幼少期の友達と現代人とでは異なる記述が持たれているだろうことから、前者と同じような結果に終わる。[18] ドネランの示したこれらの懸案は、その対象について私たちが持っている信念を指示のために用いるという方策がそもそも不明瞭さを包含することになるということだろう。その結果、ドネランは歴史的説明説を提出したといえる。歴史的説明説は、話し手の信念を含むことなく、指示がなされうる説明を与える。そのため、ここに提示されたような曖昧さに煩わされることがない。逆に、そのような曖昧さがあってはならないというのがドネランの見解だろう。

しかしその不明瞭さは、前章で確認したとおり、サールが固有名の言語上の独自の機能として肯定的に捉えているものであるように思われる。「アリストテレスとは何者であるか」（あるいは形式的な問いとして「「アリストテレス」の適用基準は何であるか」）という問いに対して、精確な特徴づけを行おうと思えば、「特定の」記述を持つことが求められ、その記述と名前は論理的等値になる。しかしこのように記述と名前を同値とすることを避けるために、固有名の曖昧さは残された。[19] サールに言わせれば、そのような曖昧さ、不明瞭さが、固有名の特徴であると言うことになるだろうし、異なる信念を持つ人同士でもどちらがアリストテレスの記述として正しいかということを前もって決めることなくその名前を使うことができるために必要な曖昧さということになる。

したがって両者とも、話し手が持っている記述が異なっているかもしれないという事態に着眼していた。この事態における曖昧さをドネランは拒絶したのに対し、サールは許容した。その理由は、サールはそれでも問題がなく話し手と聞き手のあいだで了解が成り立つと考えていたのに対し、ドネランは不明瞭さが残ると考えていたことによると思われる。この問題についてはのちほど改めて触れることとして、いまのところは問題提起にとどめておきたい。

第二節　クリプキによる見取り図

ソール・クリプキ（Saul Kripke, 1940–）は哲学者・論理学者であり、早熟の天才として知られ、一九七〇年にプリンストン大学で三日にわたって行われた講演「名指しと必然性（Naming and Necessity）」は因果説の最も影響力のある議論であると評された。以下では「名指しと必然性」より、まず真理と様相に関する彼の道具立てを確認し、次いでクリプキの記述主義への批判と彼自身の見取り図、そして自然種名についての彼の見解を確認していく。[20]

クリプキが取り上げる第一の概念はア・プリオリ性である。ア・プリオリ性とは認識論上の概念であり、ア・プリオリな真理とは、一般に、どのような経験からも独立に知られうるたぐいの真理であると定式化される[21]。第二は必然性である。この概念は認識論的な概念としてア・プリオリ性と同義として用いられることもあったのに対して、クリプキは形而上学的な概念であると位置づける。あることが真であるか、あるいは偽であるかと私たちは問う。このとき、それが偽であるならば必然的に真であるということにはならず、逆に真であるなら必然的に偽であるということにもならない。だから、世界が現状のありさまから異なっていることがありうるなら、世界のこのありさまは偶然的であるし、ありえないなら必然的である。しかし、「このこと自体は、誰のどのような知識とも関係がない[22]」とクリプキは主張する。

この二つの概念は、クリプキによれば、同値であると考えられてきた。あることが必然的であるなら、つまりすべての可能世界において真であるなら、「ただ頭のなかですべての可能世界をめぐることによって」それが真であることを知る。つまり何らかの経験をすることなく知ったのでア・プリオリな真理である。また逆に、あることがア・プリオリに知られるなら、世界を探査することがなかったのですべての可能世界においてそうである、と考えられたからである[23]。このような理解に対して、クリプキは、これらの概念は別物であるとし、アポステリオリにのみ知られることが必然的ではないとは限らず、またア・プリオリに知られるからといって必然的真理であるとも限らないと主張した[24]。

クリプキはこのように、ア・プリオリ性と必然性の概念間の関係を整理しなおしてから指示に取り組む。

1. 固有名の指示

クリプキの記述主義への批判は、互いに密接に関係する二つの観点からなされる。一つは固有名そのものの性質という観点であり、もう一つは記述主義における記述と指示対象との関係という観点である[25]。

前者について。クリプキは確定記述[26]と固有名ではその性質が異なるとする。それを説明するために、クリプキは「可能世界（possible world）」という概念を導入する。それは「私たちがそれに結びつける記述的条件によって与えられ」、「約定する」ことによって表現されるものであり、「望遠鏡によって発見される」他の惑星というような図式で理解されてはならないとされる。クリプキはこの可能世界という概念を用いて反事実的状況を描く。たとえば「ニクソンは一九六八年の大統領選に負けていたかもしれない」という反事実的状況は、「ある可能世界ではニクソンは一九六八年の大統領選に負けていた」と言われる。あるいは「現実世界でニクソンが持っているすべての性質を、ある可能世界ではニクソンは持っていないかもしれない」という言い方もなされうる[27]。

クリプキは、可能世界を用いて指示の問題に取り組む。ある可能世界において、一九六八年の選挙で当選した男はニクソンかもしれないし、また別の人かもしれない。したがって「一九六八年の選挙で当選した男」という確定記述が必ずニクソンを指示しているとは言えない。しかしニクソンがニクソンでないということはありえないため、「ニクソン」はニクソンを必ず指示する。ただし、ニクソンが存在しなかった場合や、あるいは存在していても「ニクソン」と呼ばれなかった可能性はありうる。このように、あらゆる可能世界でその対象が存在する限り同じ対象を指示する表現をクリプキは「固定指示子（a rigid designator）」と呼び、固有名は固定指示子であると主張する。それに対して、現実世界ではある対象を指すが、他の可能世界では別の対象を指示するような表現（上の「一九六八年の選挙に当選した男」など）を、非固定指示子あるいは偶然的指示子（non rigid or accidental designator）と呼ぶ。このようにしてクリプキは記述と固有名では性質に違いがあることを描き出した[28]。

このように固有名と記述では性質に違いがあり、記述による指示は可能世界ごとにその指示対象は異なりうるのであるが、記述には「指示を固定する（fix a referent）」役割がある。「一九六八年の選挙で当選した男」という記述は、現実世界で「ニクソン」の指示対象であるような男を見出すために役立っている。そのようにして選び出されたその男が、すべての可能世界で「ニクソン」の指示対象となる。しかし記述は固有名の定義（definition）ではない。定義であるならば、固有名は記述と同義となり、「ニクソン」は「一九六八年の選挙で当選した男」と同じ意味を持つことになる。そうすると「ニクソン」は別の可能世界では現実世界のニクソンと違う対象を指示することになるかもしれないので、固定指示子ではなくなる。したがって記述はある世界においてある対象の特徴を示し、それによって名前の指示対象を見出すために使われるのであって、名前の定義や同義なのではない[29]。

こうして固定指示子を導入したクリプキは、クラスター概念説を次のテーゼと一つの条件にまとめる[30]。

（1）あらゆる名前あるいは指示表現「X」に対して、諸性質のクラスター、すなわち〔話し手〕Aが「φX」と信じるようなこれら諸性質φの集団が対応する。

（2）諸性質のうちの一つ、あるいはいくつかが一緒になって、ある個人を一意に選び出すとAによって信じられている。

(3) φのほとんど、あるいは重要なうちのほとんどがただ一つの対象yによって満たされるなら、yが「X」の指示対象である。

(4) もし〔記述があてはまったかあてはまっていないかの〕投票がただ一つの対象を生み出さないなら、「X」は指示しない。

(5)「もしXが存在するなら、Xはφのほとんどを持っている」という言明は、話し手によってア・プリオリに知られている。

(6)「もしXが存在するなら、Xはφのほとんどを持っている」という言明は〔話し手の個人言語において〕必然的な真理を表している。

(C) どのような理論もうまくいくためには、説明は循環してはならない。投票に用いられる諸性質はそれじしんのうちに指示の概念を、最終的に取り除くのが不可能であるような方法で、含んでいてはならない。

これらのテーゼと条件のうち(1)はクラスター概念説の定義であり、(C)はこれらのテーゼが満たされるときの条件であるとして、クリプキはその他の(2)から(6)のテーゼを検討していく。[31] まず扱われたのは(6)である。ヒトラーは邪悪な男だったが、ある可能世界では平穏な人生を送っていたかもしれない。したがって、「ヒトラーは邪悪な男であった」という命題は必然的ではない。けれども、「ヒトラー」は固有名であり、固定指示子であるため、その可能世界におけるその男がヒトラーでないことはありえない。こうして(6)は否定される。

次に（2）が扱われる。クリプキによれば、（2）も誤っている。理由は二つあり、まず、話し手が所有している記述だけではその記述が多くの対象にあてはまるため、記述が指示対象を一意的に決定することはできないという問題がある。たとえば、市井の多くの人は「「ファインマン」とは誰か」と聞かれると「物理学者か何かだ」と答えるだろうが、しかし「物理学者である」という記述だけでは誰かを一意的に選び出すことはできない。次に、同定記述を持っているとしても循環に陥ってしまって最終的に一意的に決定できないという問題がある。たとえば、「最初にカティリナを弾劾した男」という記述によって、私たちはある男キケロを選び出すことができる。しかし、「カティリナとは誰か」と問われたときに「キケロに弾劾された男」と言うと、一方が他方を弾劾した、という組み合わせを選び出すことになる。このような組み合わせが一つしかないとは考えられないからである。[32]

（3）についても誤っているとされる。実際にϕのほとんどがある一意な対象によって満たされているとしても、その名前の指示対象ではないという反例があるためである。たとえばクルト・ゲーデルは算術の不完全性定理を証明したことで知られるが、実は、それを証明した人は数年前ウィーンにおいて変死体で発見されたシュミットという名の男だったとする。しかし、この業績はゲーデルに帰せられている。このときクラスター概念説によると、「算術の不完全性定理を証明した人」という記述にあてはまる人はシュミットであるため、「ゲーデル」という名を使っている人はシュミットを指示しているということになる。しかし、実際そうではない。こうして、記述に一致するものが指示対象とは限らない。

このようにしてクリプキはクラスター概念説は「根本的に誤りである」と批判し、「そのような〈記述説よりもよい見取り図を提出するために必要十分な〕諸条件は非常に複雑であろうが、しかし真であることは、指示対象その人にさかのぼっていく共同体内における他の話し手との私たちのつながり、それによって私たちはある男を指示しているということである[33]」と主張した。そして共同体の内部における名前の受け渡しを強調しながら、よりよい見取り図（picture）を提示するとして次のように述べた。

この理論の大まかな言明は以下のようであるかもしれない。最初の「命名儀式（Initial Baptism）」が催される。ここでその対象は直示によって名指されるかもしれないし、同じものの指示は記述によって決定されるかもしれない。その名前が「リンクからリンクへ送られる」とき、その名前の受け手は、私が考えるに、その名前を学ぶときにそれを聞いたところの人と同じ指示で、その名前を使うことを意図しなければならない[34]。

このようにして、クリプキは、人は名前を使いこなせるようになるとする。話し手は自分の話している指示対象について十分なことを知らないかもしれないし、あるいは知っていてもそれらは間違っているかもしれない。しかし言語共同体内部での名前の受け渡しによって、指示はなされるようになる。

2. 自然種名の指示

以上まで確認してきたクリプキの固有名の指示についての見解は、次のようにまとめられる。固有名は固定指示子である。したがってそれは、同じ対象をすべての可能世界で指示する。記述は、固定指示子ではない。したがって、固有名の指示を記述でもって換えることはできない。また「ニクソンは一九六八年の選挙で当選した」「アリストテレスはアレクサンドロス大王の家庭教師である」といった命題は必然的真理を表しているのではない。ただし記述は指示を固定するために用いられうる。

同様の議論が、クリプキによれば、自然種名についても成立する。自然種名、すなわち「猫」や「虎」、「金」や「水」、「熱」や「光」といった自然界に存在する種属を表す名前は、一般に考えられているより固有名に近い。ある対象について、私たちは、その表面上の特徴によって、「金は黄色い金属である」「猫は四本足のほ乳類である」等々同定する。その後、その本性（金は原子番号が79であること、など）が科学的探求によって見出される。原子番号を含んだ理論全体が誤っていることはあり得る。しかし、金の原子番号が実際に79であることが認められたなら、原子番号が79ではないものが金であることはありえないとされる。[35]

以上をクリプキは、現実世界で実際に金が発掘されている鉱山から、ある可能世界では、どれほど表面的な特徴が金にそっくりであったとしても、原子番号が79ではないような金属が発掘されたという事例から考察する。私たちはそれを金であるとは言わないだろうし、またその可能世界ではそれが金であると呼ばれているとも言わないだろう。したがって、「その物質が何であるかについての科学的発見を表すこのような命題は、もっとも厳密に可能な意味で、偶然的真理ではなく必然的真理であることを示す[36]」と考えられ、自然種名はそのような本性を持つ対象を指示する固定指示子となる。[37]

そしてクリプキは、自然種名も「リンクからリンクへと受け渡される」ことにより、「金をほとんど見たことがなかったり全く見たことがなかったりする多くの人も依然その語を用いることができる[38]」と述べた。つまり自然種名と固有名とは、両方とも固定指示子であり、因果連鎖によってそれについてよく知らない人も使用可能となるという共通点がある。

第三節　ヒラリー・パトナムによる「双子地球」と実在

前節のとおり、クリプキは、固有名は固定指示子であるという見解を提出すると同時に、それが自然種名にも拡張されると主張した。伝統的には「金は黄色である」など金についての見た目の性質によって金が定義されているとしたがそれは誤りであるとして、その必然性は金の原子構造によって決まるとした。

このようなクリプキの見解と同様の主張を独立に行い、自然種名による指示について影響力のある議論を展開していたのがヒラリー・パトナム（Hilary Putnam, 1926–2016）である。パトナムは幅広い分野で活躍し、徹底した自己批判の姿勢を堅持して、そのため「転向」を繰り返しもした。本章ではパトナムの活動歴の初期にあたる、記述主義への批判および指示の因果説の典型例が見出される議論に焦点を絞ることとする。

1．双子地球と言語的分業

記述主義とは記述がその指示対象を決定するという立場であり、それに対して指示の因果説は、指示対象の決定にあたり、記述はそれに寄与せず、指示の連鎖が重要であるとする立場であった。パトナムの議論のなかで、このような立場は、「双子地球」と名指される次のＳＦを通して示されている(39)。

銀河のどこかに「双子地球」と呼ばれるような惑星がある。それは細部にわたるまで非常に精確に地球に似ていて、そこの住人はそれぞれ自分たちのことを「日本人」と称したり「アラブ人」と称したりする。しかし地球とは異なる点もいくつかあり、その一つが、双子地球において「水」と呼ばれる液体がH_2Oとは異なる構造を持ち、その化学式が簡略化されてXYZと表されることである。XYZは常温常圧下ではH_2Oと見分けがつかない。その見た目や味はH_2Oのようであり、人はXYZを飲み、湖沼や河川、海にはXYZがたたえられている。(40)

この双子地球を視察した地球人が視察レポートを書くとする。視察団は当初、「地球と双子地球とで「水」は同じ意味を持つ」と思ったかもしれない。しかし、「水」で意味されているものの構造がXYZであると知ったとき、「双子地球上で「水」という語はXYZを意味する」と報告するだろう。逆に双子地球からの地球への視察団も、当初は同様に「双子地球と地球とで「水」は同じ意味を持つ」と思うかもしれないが、地球上での「水」がH_2Oを指すと知ったとき、「地球上で「水」という語はH_2Oを意味する」（むこうの目線では「双子地球上では」となるだろうが）と報告するだろう。つまり、「水」の外延は地球ではH_2O（の集合）であるが、双子地球上ではそうではなくXYZ（の集合）となる。ゆえに、ある地球人が双子地球上に行ったとき、その地球人は「双子地球上で使われている「水」は、水ではない」と発言するだろう。地球人にとって「水」で意味されるものはH_2Oであるからだ。

この二つの惑星において一七五〇年当時、化学はまだ展開していなかったとする。したがって地球人も双子地球人も「水」（によって指示されている物体）が何から組成されているのかを知らない。しかし、当時も一九五〇年時点と同じく、地球では水はH_2Oであり、双子地球上ではXYZであっただろう。つまり、地球人も双子地球人も、一七五〇年当時、「水」によって「無色透明の液体」と理解していた。その構造はH_2OとXYZというように異なっているが、しかしそれは誰も知らないでいる。したがってこのとき、対象の実際のありさまと、その目に見える特徴やそれに基づいた理解の仕方のあいだには、ずれがあるのである。

また、この二つの惑星では、「モリブデン（molybdenum）」と「アルミニウム（aluminum）」によって指示されるものが異なるとする。地球上では「アルミニウム」によってアルミニウムが指示され、「モリブデン」によってモリブデンが指示されている。そしてアルミニウム製の製品が一般に用いられているのに対し、モリブデン製のものはあまり用いられない。それに対して双子地球上ではモリブデン製の製品がよく出回っている。ただし、そのモリブデンを指す語は「アルミニウム」であるとする。したがって地球人と双子地球人がそれぞれ「アルミニウム製品がよく出回っている」と言うときに、どのようなものが実際に出回っているかは違いがある。ところで、このようなずれが生じていることは、冶金学者、すなわち専門家が調べればすぐに判明する。ただし、そうではない一般人にとっては、アルミニウムもモリブデンも「金属である」というような表面的な記述しか与えることができず、そのため先の例のように、理解と実際のありさまのあいだに差異が生じている。

これらの事例から、パトナムは言語的共同体（the linguistic community）内部において言語的分業（division of linguistic labor）が生じていることを提示する。私たちの共同体は一つの「工場」にたとえられる。そしてその工場では、ある人は金の結婚指輪をはめ、ある人はそれを売り、また別の人はそのものが本当に金かどうかを判定するといった、さまざまな「仕事」がなされている。そして、そこにおいてある仕事に携わっている人が、他の仕事に従事するのは、必要でも効率的でもない。パトナムはそれを指摘してから、次のように述べる。

前述の事実はまさに（広い意味での）分業（division of labor）のありふれた例である。しかしそれらは言語的分業を発生させる。何らかの理由で金が重要なあらゆる人は「金」という語を得なくてはならない。しかし彼は、あるものが金であるかそうでないかを分かる方法（the *method of recognizing*）を得る必要はない。彼はある特別の話し手の部分集合（a special subclass of speakers）に頼ることができる。[41]

「彼」が頼る「話し手」とは「認める方法」を持つ「専門家（expert）」であり、その「認める方法」は個々の成員に知られていなくても専門家と非専門家のあいだのやり取りを通して「集合的な言語総体（the collective linguistic body）」に所有される。そして金や水についての最もよく見出された事実（水がH_2Oであることなど）は、「水の社会的な意味の一部となるかもしれない」とされる。こうして私たち個々人は、水がH_2Oであることを知らず、「無味無臭無色透明な液体」という表面的な特徴しか知らなくても、専門家とのやり取りがなされていることによって、「水」によってH_2Oを指示できるようになる。

2. 水がH_2Oであることの論理的必然性

パトナムは、右の例から、必然的真理と指示の関連を議論する。パトナムによれば、自然種名によって意味されているものは何かを告げるには二つの方法がある。一つは「これ（この動物）は猫である」というような直示的な方法であり、もう一つは「猫はかくかくしかじかな特徴を持つ動物である」というようなその種の典型的な特徴を挙げていく方法である。これらの方法について、パトナムは次のように評する。後者の方法において挙げられる特徴は、ある個体がある種に属するか否かを決める「基準（criteria）」である。[42] これらの特徴は、その種にその個体が属するための必要条件であるし（ただし、「猫は四本足である」というような言明が分析的であるということにはならない）、また、通常の状況で、その個体が「猫である」と分かる（recognize）手段ともなる。それに対して前者は、たとえばグラスに入っている液体を指して「これは水である（*this* is water）」と言うようなものである。このように言うとき、「これ」が「私や私の言語共同体における他の人が他の機会に「水」と呼んでいるほとんどの物質に対して、一定程度同じであるという関係（たとえば、xはyと同じ液体である（*x is the same liquid as y*）、あるいはxはyと同じLである（*x is the same L as y*））を持っている」という「経験的な想定（empirical presupposition）」を私たちは持っている。そしてこの方法は、「無効にされうる（defeasible）必要十分条件」を示している。水であることとの必要十分条件は、「グラスのなかの物質と同じLという関係を持っている」ということであるが、しかしそれは右の経験的想定が裏切られた場合には作用しない[43]。

このとき、「これ」が「同じLであるという関係を持っている」ところのものは何かについて、パトナムは可能世界を借用しながら[44]次のような例示とともに分析を行う。二つの可能世界Ⅰ、Ⅱにおいて、それぞれグラスに無色透明の液体が入っており、それぞれ「これは水である」と言われたとする。世界ⅠではH_2Oが入っており、世界ⅡではXYZが入っている。世界Ⅰはいわば現実世界であり、H_2Oが「水」と呼ばれているのに対し、世界ⅡではXYZが「水」と呼ばれている。このとき、「水」の意味について二通りに考えられる。一つは「水」はそれぞれの世界ごとに定められている。つまり世界ごとに、H_2OであったりXYZであったりする。もう一つは、「水」はすべての世界においてH_2Oである。このとき「水」の指示対象はH_2Oであって、XYZは本来「水」の指示対象ではないが、世界Ⅱではそう呼ばれてしまっているということになる。そしてパトナムは、基準となる物質（上述のy）が現実世界の水（H_2O）であるならば、二つ目の考え方が「明らかに正しい理論である」とする。すると「すべての可能世界」において（それが存在する限り）同じH_2Oを指すことになるので「水」はクリプキの言うような固定指示子となる。

このとき、かりに現実世界においてある人が、水のミクロ構造、すなわちそれがH_2Oであることを知らないでいる一方で、水がどのようであるかという表面的な特徴（superficial properties）は知っているとする。もしこの人が、表面的な特徴が「水」のようであっても、ミクロ構造がH_2Oではない液体は水ではないと認めるなら、無味無臭であるというような特徴は「水であるとはいかなることか（*what it is to be* water）」を示す特性にはならない[45]。そしてこの人が、水のミクロ構造がH_2Oであると知ったなら、彼は「いままで双子地球上の**XYZ**を水だと思っていたがそれは誤りで、本当は水ではない」と言い、それが双子地球上で「水」と呼ばれていようと「ただの**XYZ**」と言うと予想される。こうしてパトナムは次のように述べる。

> 実際、ひとたび水の本性を発見したら、水がその本性を持たないような可能世界として見なされるものは、何もない。ひとたび私たちが（現実世界で）水がH_2Oであることを発見したなら、水がH_2Oでないような可能世界として見なされるものは、何もない。とくに、もし「論理的に可能な」言明が「論理的に可能な世界」において抱かれる言明であるなら、水がH_2Oでないのは論理的に不可能である[46]。

ただし、パトナムも「水がH_2Oではない」と確信させる経験をしたと想像することは可能であることは認める。その意味では右のような想像は可能とされるが、しかし想像可能性（conceivability）と論理的可能性（logical possibility）は異なるため、論理的には不可能であるとされている[47]。つまり、水がH_2Oであることは必然的であるということになる。

3. 実在論と非実在論

こうしてパトナムは、水がH_2Oであることは必然であり、H_2Oと同じ表面的な特徴を持つXYZが水であると考えるのは誤りであると主張した。つまり、この現実世界におけるありさまが必然ということになる。この主張からパトナムは、自然種名「金（gold）」の指示の正否という問題に進む[48]。「金」という語は二〇〇〇年間同じ物体を指示してきた。しかし、金を同定する手段はこの間非常に洗練されてきている。したがって、金に似た、そのためアルキメデスの時代には金ではないと判定できなかったが、しかし現代では金とは異なると容易に判定できるような金属Xについて、アルキメデスはそのXを金であると判定していたかもしれない。このとき、アルキメデスは誤っていたと言えるだろうか。パトナムは以下のように主張する。

上述の見解に則れば、アルキメデスがXを金であると判定したとき、アルキメデスはたんにXが金と見た目が同じ特徴を持っているからそのように考えたのではなく、Xが「手近にある金の標準のひとかけら」と同じ金属であるという性質、つまりその「本質」といわれるような「同じ一般的な隠された構造」を持っていると考えていたはずである。しかし、その考えは誤っていたかもしれないし、この仮定においてXは実際金とは異なる構造を持っていたのだから、その考えは誤っていると言える。そして誰がアルキメデスは誤っていたと言えるかというと、「今日利用可能なもっともよい理論を持っている」「私たちが」言うことができる。

この見解に対して、その時代時代の金の定義によって「金」の指示対象は異なるという見解がある。何が「金」として名指されるかは当時の金についての理解によって定められる。ゆえに一〇〇年前には一〇〇年前の、現代は現代の、二〇〇〇年前は二〇〇〇年前の定義が使われていた。したがって、アルキメデスがいかに今日「金」とは呼ばないXを金として扱っていたとはいえ、当時のアルキメデスの用いていた理論からすればXを「金」として扱うのは妥当であり、誤っていたとは言いがたいように思われる。

この二つの見解の対立を、パトナムは、実在論者（realist）と非実在論者（antirealist）の争いと見なし、後者の考えを次のように整理する。非実在論者は、今日の私たちの持つ見解によってアルキメデスの見解の正誤を判定するのは意味をなさないと考えている。彼らはアルキメデスの時代の理論と現代の理論が両方とも「理論から独立した存在者の属するある固定した領域についての近似的に正しい記述」であることを認めておらず、科学における「収束（convergence）」の概念に対して懐疑的である。ゆえに現代の理論がアルキメデスの記述している物質と「同じ」物質を「よりよく」記述しているとは考えない。

このとき、非実在論者にとって、真理の概念は理論の内で（intra-theoretic）機能するものとなり、理論の外で利用できる（extra-theoretically available）概念ではなくなる。彼らにとって「Xは金である」というアルキメデスの言明は、アルキメデスの理論において真であるが、しかし、現代の理論においては真とも偽とも判断されないものとなる。そしてそれに伴い、「外延」の概念も用いられなくなる。「金」の外延は「それが真であるところのもの（の集合）」であるが、（理論外での）「真」の概念が拒絶されているからである。その結果、非実在論者は「真」の代わりに「保証された主張可能性（warranted assertibility）」に頼ることとなり、「Xは金である」という発言はアルキメデスの時代には保証されて主張可能であったが、今日ではそうではないという扱いとなる。[49]

このような非実在論者の考えに対してパトナムは次のような科学者観を提示する。科学者は、「金は黄色い金属である」といった、語に結びついている基準を、当の物質がその物質であるための「必要十分条件」ではなく「理論から独立した存在者の属するある世界の近似的に正しい特徴」と見なし、将来の成熟した科学理論とは、過去の理論が「指示した同じ存在者のよりよい記述」であると考えている。そして、この科学者観が正しいなら、科学的活動の成果の伝達可能性が説明できる。同じ対象について話されていると分かるからである。こうしてパトナムは、真理と外延の概念が理論外に用いられるべきならば、実在論的な観点を受け入れるべきであると主張する。

付け加えてパトナムは、アルキメデスも自分の誤りを知りえたと説明する。一見したところ、アルキメデスは「原理的に」Xが金であるとは知りえない状況にあった。ゆえに彼の言明が誤っていると判断するのは不当であるように見える。しかし、「私たちが描きうる、アルキメデスが金と分類した他の物質とXがきわめて異なってふるまうような状況」が実際にあり、（溶解させたときにXは二種以上の金属に分解された、など）そこにアルキメデスが立ち会うなら、彼はXが金とは異なってふるまうことから異なる金属であることを知ることができる。こうしてパトナムは、アルキメデスは誤っていたと言うことができると結論した。

つまり、「水」や「トラ」、「金」といった自然種名は、現実世界で私たちが指示している対象と同じ本性を持っている対象を可能世界でも指示する。「水」はH_2Oである液体を指示し、「金」は原子番号79である金属を指示する。つまりそれらはクリプキのいう固定指示子である。そして「無色透明の液体である」や「黄色い金属である」といった表面的な性質、あるいはそのような性質を表す記述は、そのような本性を持つ物質を見出す、つまりこちらもクリプキの言を借りれば「指示を固定する」手段として扱われる。ただしこのような性質あるいは性質についての記述は非固定指示子であるので、XYZを指示していることもある。ある液体が水であるとは、その液体がそういう性質を持っており、かつ水である物と同じ液体であるという関係を持つことが求められる。そして、そのような関係を持っていないにもかかわらず、ある人が表面的な性質のみによってある液体を「水である」と判断するなら、その人は端的に誤っているのであり、そのように水についてのもっともよい理論を持っている私たちが判断してよい。

4. 少考 —— 記述の性質について

以上まで、クリプキとパトナムの議論を確認してきた。この二人は金が原子番号79であることや水のミクロ構造はH_2Oであることといった現代科学によって明らかにされた事物の本性を必然的真理と述べる。このとき、表面上の特徴を表す記述は指示を固定するために使われるかもしれない。けれども、「無色透明の液体」だからといって水である（分子構造がH_2Oである）、「黄色い金属である」からといって金であるということにはならないとされている。[50]

このときに彼らが強調しているのが、語と記述の関係は定義ではないという見解である。クリプキは記述の役割には「定義」と「指示の固定」の二通りがあるとし、後者をクリプキは採用して前者を拒否し、クリプキはあくまで、記述は指示の固定に役立つものと位置づけた。[51] 同様の論点をパトナムは必要条件であってもだからといって「分析的である」とは考えないと表現した。[52]

この二人の批判していた相手は一様ではないため、以下では主にクリプキと、クリプキによって批判されたサールの議論を中心に、名前と記述の関係を扱う。サールは自然種について論じておらず、逆にパトナムは固有名について論じていない。またフレーゲはその関心から「指示対象」の範囲が人やものにとどまらないために少考から外すことにする。
サールは固有名には記述群の選言が結びついているというクラスター説を提出していた。第一章および第二章で確認したとおり、サールは同定原理を重視し、自分が指示しているものについての同定記述を提出できない場合、話し手は自分が何を話しているか分かっていないと結論せざるを得ないと主張した。[53] しかもその名前と記述の結びつき方はきわめて緩い結びつきであり、固有名を使用する前に前もって記述が何であるかを提出することはできないとされていた。[54] サールは固有名に定義的同値な記述が結びついていることを否定し、[55] その一方で同一性命題や存在命題の扱いから、その結果、緩い仕方で結びついていることは「必然的な真理である」と述べた。

……「いったいなぜ私たちは固有名を持つのか」と尋ねるとする。明らかに、個々人を指示するためである。「そのとおり。しかし記述もそれをなしうる。」それは指示がなされるたびごとに同一性の条件を特定するという手間をかけてのみ、である。すなわち、「アリストテレス」の使用をやめて、「アレクサンドロス大王の家庭教師」を用いることに同意したとする。すると、指示された男がアレクサンドロス大王の先生であることは分析的真理である。しかしアリストテレスが教育の道に進んだのは偶然的な事実である。（もちろん、述べたように、アリストテレスが通常彼に帰せられている性質の論理和（包含的選言）を持つことは必然的真理である。[56]）

たしかに、アリストテレスに対して「人である」というような記述的一般名辞は分析的に結びついているとは主張されていた。[57] しかし特定の記述が結びついているとすると、それが名前と同値となるのでよくないというのがサールの論旨だった。

クラスター説に対してクリプキが批判を加えたのは前節で確認したとおりである。クラスター説は意味の理論と指示の理論の二通りに理解されうるが、もし意味の理論として捉えられるなら「名前は記述のクラスターとして同義であると、たんに定義される」ということになり、すると「モーセがこのクラスターのなかのある特定の記述を持っていることではなく、それらの選言を持っていることが必然的となるだろう。〔つまり〕彼がこれらの物事のいずれをもしなかった反事実的状況はありえないだろう[58]」ということになる。しかしそれはクリプキによると妥当でない。クリプキは右に引用したサールの見解を引用して、どの記述についても「アリストテレスがそれをしなかった」と言うことができることから、その見解を批判した[59]。

ここにサールとクリプキのあいだの「必然」の理解の違いがある。「アリストテレスが通常彼に帰せられている諸性質の論理和（包含的選言）を持っていることは必然である」とサールが述べたのは、それが発話者の能力に関わるからであった。サール自身も、それらの記述によって表されている性質が偶然的な性質であり、また分析的ではあっても定義的同値ではないと議論の冒頭に否定している。同定原理によって記述の提出が要請され、話し手は指示対象が何であるかを説明できなくてはならないことから、論理的な関係にあるという意味で「必然」と言われた。

それに対してクリプキは（またパトナムも）、ある個体が当の個体であるという形而上学的な意味で「必然である」と述べている。サールの主張するようにその個体がどのような性質であるか記述することができず、すべての記述が真でなくても問題はない[60]。現実世界で名指されているその個体が名指され続けているという意味で「必然」ということになり、記述者（話し手）の説明能力という観点は問題にされない[61]。

したがってクリプキによるクラスター説批判に対しては、サールは意味の理論としては用いておらず、また指示の理論という観点からは、控えめに言って、記述に対する観点が異なっていると言える。

ところで、先に一部の記述が本質的であると考えられていることに触れた。それに対して一般的な記述は事物の必要十分条件になることがなく、指示を固定するための記述であるという扱いだった。このとき、記述説を擁護しようとして、表面的な性質ではなく本質的な性質をその同定記述として採用したらよいと思われるかもしれない。そしてそれによって記述がその語の定義とはならないにせよ、記述主義の立場で、自然種について語れるようになると思われるかもしれない。

このような疑問に対して因果説の立場に立つと、シュヴァルツの言を借りて次のように述べられる。もしかしたら「次のように考えられるかもしれない、クリプキとパトナムはただ一般的な定義を科学的な定義に置き換えようと試みたのであり、ゆえに水を無色透明な液体と定義する代わりにそれをH_2Oと定義したのである、と。このように考えることは指示の新理論の見解ではない。次のように言うならクリプキとパトナムの立場に近づくだろう、「水」はすくなくとも伝統的な意味においては定義をまったく持たず、それはある科学的物質の固有名である、と」[62]。「水はH_2Oである」が定義ではないのは、それに瑕疵があることが判明して、他の物質であることが判明するかもしれないからである。しかし一方で「水はH_2Oであることは必然的である」と述べられてきた。シュヴァルツはこれに対して、「もし私たちの理論が正しく、誤りがなく、実際に水がH_2Oであるのなら、必然的にそれはH_2Oである」と注釈した[63]。認識論的な可能性と形而上学的な可能性を区別し、前者、すなわち水がH_2Oでないことが判明する可能性はありうるが、後者はありえないとされる。

クリプキは科学理論の誤りの可能性について、次のように言う。金が原子番号79であることについて、「誤っていたとたしかに気づくかもしれない。陽子、原子番号についての理論全体、分子構造と原子構造の理論全体、これらの見解がそれに基づいていたのだが、それがすべて偽であると判明したかもしれない。たしかに私たちは太古からはそれを知らなかった。したがって、その意味で、金は原子番号79を持たないことが判明したかもしれない。／かりに金が原子番号79を持つとするなら、原子番号79を持つことなしに何かが金でありえただろうか。かりに科学者が金の本性を探究して、それが原子番号79を持つことがいわばその物質のまさに本性の一部であることを見出したとする」[64]。この場合、原子番号79を持たない金属は金ではないとされた。

またパトナムも「将来の探求がもっとも「確かな」例さえも覆すかもしれない」と述べる[65]。過去の科学者が記述していたのと同じ対象を、将来の科学者はよりよく記述する成熟した理論を持つようになる[66]。したがってこれらの言葉からすると、パトナムも、現在の私たちの使っている科学理論が誤っていて、したがって「水がH_2Oである」が覆されるかもしれないことを認めることになる。パトナムはクリプキの言を借りながら「認識論的な必然性」と「形而上学的な必然性」を区別して、「水がH_2Oである」といった文は「(形而上学的に)必然であり認識論的に偶然でありうる」とした[67]。

したがって、因果説における水についての「H_2Oである」という記述は定義ではなく、「指示を固定する」ために用いられる記述であると見える。そしてそれはたまたま現在の理論が受け入れられている限りにおいて、世界のありさまを的確に把握している記述になるように思われる。

ただし、後述の議論の先取りになるが、サールの提出した見解に立って記述を定義として扱わないことにするならば、第四章あるいは第五章に述べられるように、記述の重要さの度合いが指示対象の決定において重要な位置を占めるようになる。つまり「水がH_2Oである」は「水は無色透明の液体である」よりも重要な記述して捉えられるかもしれない。そのとき、このような科学理論に対する信頼、あるいは私たちの文化のなかにおける科学理論の位置づけはそれじたい検討される必要があると付言しておきたい。というのは私たちの信じていること、という意味なら、科学理論もそのうちに含まれるからである。

おわりに

以上、因果説の論者の議論を確認してきた。ドネラン、クリプキ、パトナムの三人の議論は、細かいところで差はあれ、その議論の大枠は一致している。まず、固有名の指示対象は、私たちの持つ記述によっては決定されない。名前の指示対象が正確に決定されるためには共同体の内部における名前の受け渡しが重要である。指示対象となる人物（あるいはもの）からいま現在の話し手までに連鎖がなされている場合に指示は正確になされる。ただし記述がまったく不要であるというわけではなく、それは指示を固定するために用いられる。そのように考えられたのは、クリプキとパトナムの議論においては認識論上の事柄と形而上学的な事態が区別されたからである。とくに自然種名の場合、科学的理論によって見出されたその事物の本性は、それが正しいなら必然的であるとされた。

このように確認してきたことに基づいて、次の三点を整理した。まず、サールとドネランのあいだにあった、名前と記述の関係の曖昧さについての見解の相違である。サールはその曖昧さを固有名の特徴と考えているのに対し、ドネランはそれを批判している。その態度の違いが、それぞれの固有名論へと結実したと考えることができるだろう。次に、クリプキはクラスター説を批判するにあたって、記述が名前の定義であると見なしたうえでそれを批判したが、それはサールの議論については要点を外している。また、それと関連して、サールの「アリストテレスが通常彼に帰せられている諸性質の論理和を持っていることは必然である」という発言における「必然」について、クリプキとサールでは理解が異なっている。クリプキは形而上学的な必然性を考えているのに対し、サールは同定原理に由来する名前と記述のあいだの論理的な必然性について考えている。最後に、因果説からの記述主義への自然種名についての批判がある。記述主義は表面的な特徴によって対象を同定しており、ゆえにその本性が異なる対象を考慮できていないという批判である。この批判に対して、記述主義を擁護しようとして、問題となっている対象の表面的な記述ではなく本質的な記述を同定記述として用いればよいと思われるかもしれないが、その方策では記述主義を擁護することはできず、因果説による批判の趣旨をとりちがえている。因果説による批判は記述に一致する対象は偶然によるものであるのに、そのような記述によって同定できると考えることじたいが問題であるということであるからだ。

この状況は、両者ともに記述によって対象を指示することは現時点での知識に基づく営みであると考えているにもかかわらず、論争となっているとまとめることができるだろう。ところで、因果説の論者によるこれらの批判に対して、記述主義としてはどのように答えられるだろうか。次章で取り組む課題は何かというと、それはこの問いである。

註

（1） S. P. Schwartz, "Preface," in S. P. Schwartz (ed.), *Naming, Necessity, and Natural Kinds* (Ithaca: Cornell University Press, 1977), p. 9. シュヴァルツは「指示の新理論（the new theory of reference）」と呼ぶ。

（2） 以下、ドネランの議論を再構成するにあたり、下記を参照した。Keith Donnellan, "Reference and Definite descriptions," *The Philosophical Review* 75 (1966), pp. 281–304. ドネランによれば、ラッセルもストローソンも、確定記述には本文に言及するとおり指示的用法と属性帰属的用法の二つの用法があるにもかかわらずその一方の用法しか気づいていない。

　ラッセルによる記述理論はその「分析」の鮮やかさから称賛され、のちのストローソンの議論はそれを覆したものとして瞠目された。ストローソンによるラッセル批判が妥当であるのか、またドネランによる右の分析が妥当であるかはそれじたい気がかりなところであるが、本章ではその問題をわきに退けて、記述主義批判および歴史的説明説につながる、「記述に一致していなくても指示対象である」というその考え方を追うこととする。

（3） この違いについて、ドネランは、記述に一致する人やものの存在を話し手が信じているかいないかという違いだとするのは本質ではないと述べる。属性帰属的用法の場合も、話し手と聞き手がある特定の対象が記述に一致していると想定していることがあるし、また逆に、指示的使用の場合も、何も記述に一致しないと信じていてもそうなされる場合があるとする。Donnellan, 1966, pp. 289–290.

（4） K. Donnellan, "Proper Names and Identifying Descriptions," *Synthese* 21 (1970), pp. 335–358, reprinted in Davidson and Harman (eds.), *Semantics of Natural Language* (Dordrecht: Reidel Publishing Company, 1972), pp. 356–379. 本章は、*Semantics of Natural Language* を参照した。

（5） Donnellan, 1972, p. 360. 第一章で確認したサールによる同定原理と同一視できる。ところでこの原理のもっとも単純な形での適用例をドネランはラッセルの議論のうちに見出している（*Ibid.*, p. 357）。実際ラッセルは、一般に言われる名前（「ソクラテス」「プラトン」「ピカデリー」等々）について、それが「実際は記述の省略形」であり、名前を用いるとき、「実際には記述を用いている」と述べている（Bertrand Russell, “The Philosophy of Logical Atomism,” in John G. Slater (ed.), *The Philosophy of Logical Atomism and Other Essays 1914–19*, (London: George Allen & Unwin, 1986), p. 178）。とはいえ、ラッセルがサールの言うような、あるいはドネランが整理したような、話し手が記述を提出する能力に重点を置いていたかについては保留しておきたい。また、ラッセルは「省略形」と述べたがサールはそれを認めない。ついてはドネランがこの原理を指すときは「同定記述の原理」と、サールの「同定原理」とは区別して用いる。

（6）Cf. Donnellan, 1972, pp. 368 ff.

（7）Donnellan, 1972, p. 372.

（8）Donnellan, 1972, p. 377.

（9）ただしドネランは、どのような場合がそのような場合であるかについての一般的な理論を持つのは難しいと留保する。Donnellan, 1972, p. 377. 筆者の見たところ、話し手の記述が誤っているが、話し手がそのような記述を持つのが納得できるような場合、伝達の歴史がうまく説明できるように思われる。

（10）Donnellan, “Speaking of Nothing,” *The Philosophical Review* 83 (1974), p. 16.

（11）Donnellan, 1974, p. 16.

（12）「私たちの全知の観察者によってみられた歴史的説明は、たとえその人が話し手の同定の試みによって正しく記述されなかったとしても、名前「ソクラテス」の指示対象としてある個人を選び出すかもしれない」（Donnellan, 1974, pp. 16–17）。

（13）なお、この説の問題点や説明の必要のある事柄として、ドネランは以下を挙げている。Donnellan, 1974, p. 18 ff.（1）話し手と指示対象の間の歴史的説明が切れてしまっており、その結果、話し手の記述のような特徴を持つ人が確かに存在するものの、その人は指示対象ではない場合がある。また逆に、歴史的説明によって選び出される人間を、話し手の同定記述が一意に選び出せない場合がある。ただしドネランは、歴史的説明説を同論文において十分に擁護することはできないとし、これらよりも重大な問題として（2）ある名前の歴史的説明のなかに登場する人物のうち、誰がその名前の指示対象であるのか、それはどのように決められるのかが定かではない、という問題を挙げる。ドネランはこの問いに対しては知覚の因果説を引き合いに出し、もし知覚の因果説が正しいならほかの理論は誤りであること、特定の場合の因果関係については言及できるとしても知覚の因果説それ自体は観察者が因果要素のどれを知覚しており、また感覚印象の原因のどれが関係あるのかについて言及できないこととの類比から、歴史的説明説を擁護した。

(14) その理由をドネランは次の命題（E）が受け入れられなくてはならないとすることから、存在命題における名前を「偽装した確定記述と扱うことはできない」とした。（E）「ソクラテスが存在しなかったならば、〈ソクラテスが獅子鼻であった〉は真ではない（That Socrates did not exist entails that it is not true that Socrates was snub nosed.）」。Donnellan, 1974, p. 22.

(15) Donnellan, 1974, pp. 20–21.

(16) Donnellan, 1972, pp. 367, 370.

(17) Donnellan, 1972, p. 361.

(18) Donnellan, 1972, p. 362.

(19) Searle, 1969, p. 172.

(20) 以上の記述は以下による。野家啓一「訳者あとがき」『名指しと必然性』産業図書、一九八五年、Schwartz, p. 9. なお、クリプキの議論を再構成するに以下を参照した。S. Kripke, "Naming and Necessity," in Donald Davidson and Gilbert Harman (eds.), *Semantics of Natural Language*, (Dordrecht: Reidel Publishing Company, 1972), pp. 253–355.

(21) クリプキは「誰にとって」知られうるか、という問題が生じることを指摘し、そのため、ア・プリオリな真理を扱うときは、ある人があることを「ア・プリオリな証拠に基づいて」真であると信じるか否かという観点から扱うのがよいと提案する。Kripke, 1972, p. 260.

(22) Kripke, 1972, p. 261.

（23）可能世界については後述。クリプキによれば、これは〈現実世界について何かを知るなら、あらゆる可能世界について同じことを知るような探査を行っている〉というテーゼに基づいているとされる。クリプキは、実際に探査をしないとそのことは偶然的であるということも分からないと批判する。Kripke, 1972, p. 263.

（24）Kripke, 1972, p. 263.

（25）クリプキは名指しを議論するにあたり、まずJ. S. Millの「固有名は外示を持つが内示を持たない」という見解を紹介する（第二章註2）。そしてその見解に対立する見解としてフレーゲとラッセルの見解を紹介し、彼らの議論を「省略された、あるいは偽装した確定記述」という見解としてまとめた。このフレーゲとラッセルの見解を批判的に継承した理論として、クリプキはウィトゲンシュタインとサールの見解を挙げ、それらを「名前の指示対象は単独の記述によってではなくクラスターあるいは一団の記述によって決められる」という「クラスター概念説（the cluster concept theory）」と紹介した。Kripke, 1972, pp. 255–258.

（26）クリプキはたんに「記述」と言い、このような言い方をしていないが、彼が出している具体例から、サールの用いているこのタームを本章でも使う。

（27）なお、このとき、その可能世界においてなぜその人物がニクソンであるのか（つまりニクソンであることの必要十分条件は何か）と考えるのは、可能世界を右のように誤った仕方で理解したからであるとされる。「私たちはニクソンをただ考え、種々の状況が異なっているなら彼に何が生じただろうかを問うことができる」（Kripke, 1972, p. 269）。

（28）以上 Kripke, 1972, pp. 265–271.

（29）Kripke, 1972, p. 276.

（30）Kripke, 1972, p. 285.

（31）なお、条件（4）と（5）について、あまりクリプキは説明せず、手短に行う。前者（4）について、クリプキは、本文後述の（2）の例から説明されているとする。上述のキケロやファインマンの例では、記述に一致する対象は一意には定まらず、またφを満たすような対象が存在しないこともありうる。このようなときでも、名前が何も指示していないということにはならない。後者（5）について、クリプキは、話し手がその対象について持っている信念（たとえば「ゲーデルは算術の不完全定理を証明した人である」）は「ア・プリオリな知識をほとんど構成しない」と述べる。これは上述のクリプキが挙げた例から示されるように、そうではなかったことが今後の経験的研究によって示されうるから、と説明されるからだと思われる。

（32）こうして条件（C）は満たされない。（C）とは要は、指示に用いられる記述のなかに、それじたい同定されるのが必要な指示が含まれていてはならないという条件である。

（33）Kripke, 1972, p. 301. このような共同体内部における名前の受け渡しを強調する箇所として、他に *ibid.*, pp. 298–299, p. 300 など。

（34）Kripke, 1972, p. 302. なお、ここに見えるとおり、クリプキは最初の命名儀式の場での記述主義的な指示の生起は否定しない。指示を固定するために、記述が必要となるのをクリプキは認めている。しかしそれ以外の場面において、「記述にあてはまる」という方針の記述主義が正しいのは、クリプキによれば、一人で部屋の中にこもって「指示対象はしかじかの記述を一意に持つものである」と言っているような状況である。Cf. Kripke, 1972, pp. 290–291, p. 297, p. 301, p. 302.

（35）Kripke, 1972, pp. 319 ff. なお、クリプキの業績の一つは、このような議論から、ア・ポステリオリな必然的真理を主張したことにある。

（36）Kripke, 1972, p. 320.

（37）Kripke, 1972, p. 327.

（38）Kripke, 1972, p. 330.

（39）H. Putnam, "Meaning of 'Meaning,'" in id., *Mind Language and Reality* (Cambridge University Press, 1975/1979), pp. 215–271. 「双子地球」を通してパトナムが示そうとしたことは、「「意味」は頭のなかにない」ことであった。以下パトナムの議論である。「意味」についての議論は中世以来なされてきており、その際、語の「外延（extension）」と「内包（intention）」の区別が導入された。外延はその語が真であるものの集合、内包は語に結びついているような「概念（concept）」であるとされる（もっとも「概念」も「内包」も明確な概念ではない）。ところで内包は、伝統的に、何か心的なもの（something mental）と考えられ、ゆえに概念は心的な存在者と考えられてきた。それに対して近年、フレーゲやカルナップによって、同じ意味を多くの人が異なるときに「把握（grasp）」しうるがゆえにそれは公共的な性質をもっており、「抽象的な性質」であると考えられるようになった。それでも、意味を知るとはそれを「把握する」という心理状態（psychological state）にあると考えられている（1）。ところで「腎臓を持つ生物」と「心臓を持つ生物」のように内包が異なるが外延が等しい事例が考えられるのに対して、逆（内包は同じであるが外延が異なる）は考えがたい。その理由は、語の概念は述語の連言であり、ゆえにそれらは「つねに語の外延に分類されるかの必要十分条件を提供しなくてはならない」（Putnam, 1975/1979, p. 219）と考えられていたからである（2）。この二つの思想は一緒になって、以下のような思想を形成してきた。

外延の異なる語「A」「B」がある。これらは内包が異なっているからであるが（（2）より）、そのため（1）よりAの内包を知ることとBの内包を知ることは異なる心理状態にあることとなる。ところで、Aの意味を知ることは、ただ「Aの内包を把握すること」にとどまらず、「把握している内包がAの内包であること」も知ることである。したがって、異なる語AとBを知るときのそれぞれの心理状態は、それらの意味が同じであろうと異なっていようと、異なっているはずである。しかし、ここから、ある語Aの内包Ⅰと内包Ⅱが異なっている場合（たとえば「いぬ」に「四本足のほ乳類」と「密告者」という異なる意味がある）、内包ⅠがAの内包であることを知るときと、内包ⅡがAの内包であることを知るときとは、それぞれ心理状態が異なることになる。したがって、ある人が可能世界ⅠとⅡにおいて、すべて同じ心理状態にあるとすると、その人が知った内包は同じである。ここから（2）より、同じ語Aの内包を知っているという心理状態においてはAの外延について同じ必要十分条件が作用していることになり、つまりAの外延も同じもの（の集合）となる。

パトナムは、二人の話し手がまったく同じ心理状態にあっても外延が異なっていることがあると主張し、それを示すために「双子地球」を描き出した。パトナムの批判は主としてカルナップの意味論が念頭におかれているが、その批判の妥当性は今後検討したい。

（40）パトナムは「……XYZは常温常圧下では水と区別がつかない。とくに、それは水のような味がして、水のように渇きをいやす。さらに、双子地球の大洋や湖や海は水ではなくXYZを含み、双子地球では水ではなくXYZが雨として降ると想定しよう」と述べる（*Ibid.*, 223）。これは「XYZは水ではない」という確信のもとに議論していて、論点先取のように思われるが、パトナムの議論構成じたいを検討するわけではないのでおいておく。

（41）Putnam, 1975/1979, pp. 227–228.

（42）Putnam, 1975/1979, p. 230.

（43）Putnam, 1975/1979, p. 225. 実際、グラスの液体を指して「これは水である」と言ったものの、そのグラスに入っていたのが塩水であったら、訂正や留保を入れるときもあるだろうし、そのときは「私の直示的定義が受け入れられるべきだとは意図しない」と述べられる。ところでパトナムはこの「同じLであるという関係」を「理論的な関係」と強調する。なぜなら実際に同じであるかどうかの判定には「確定できないほど多くの科学的探究」が必要であり、何らかの方法によって（それは科学的探究かもしれないし、日常的なテストによってかもしれない）たとえ「確とした」答えが得られても、その答えは将来の探究により、撤回される可能性が残るからである。Putnam, 1975/1979, p. 225.

（44）「私たちの議論はSaul Kripkeの業績に非常に負っている。結論は独立に得られたけれども」Putnam, 1975/1979, p. 230.

（45）Putnam, 1975/1979, p. 232. ただし、それでも、これらの特徴は、基準となる（standard）物質を指し示す（クリプキの言を借りるなら「固定する」）のに用いられる。ある液体が水であるとは、これらの特徴を持つ「手近にある（*local*）存在者」のなかの「標準な」ものと「同じ液体である」という性質を持つものだからである。双子地球におけるXYZは、無味無臭であるというような特徴を持つものの、「同じ液体である」という性質を持たないため水ではないとされる。

（46）Putnam, 1975/1979, p. 233.

（47） クリプキあるいはパトナムの言う「必然性」について、シュヴァルツは、私たちの持つ化学の理論に瑕疵が判明して、水はH_2Oとは別の化合物であるかもしれないが、「もし私たちの理論が正しく、誤りがなく、実際に水がH_2Oであるのなら、必然的にそれはH_2Oである」と注釈する。Schwartz, p. 30.

（48） パトナムは"gold""χρυσός"他、同じ語から派生した語（cognate word）は区別しないとする。ついては日本語の「金」も同様に扱う。

（49） そして、上述のとおり、同じ物質をよりよく記述しているとは考えられないという結果となる。同じ対象を記述していると考えるために、同じ物を指示していると考えることが必要となるが、それが担保されないからである。

（50） ただし逆は成立するとされる。クリプキは自然種名の場合、「そのような性質が金の原子構造から由来する限り、それらはその必然的性質である」と述べる（Kripke, 1972, p. 321）。その一方、表面的な性質が異なっていてもH_2Oからなっているのならそれは「水」であるという（*Ibid.*, p. 323）。また固有名の場合についても、「ある両親から生まれた（両親というのが「生物学的精子と卵子の起源」がその体細胞である人、ということからして、「そのような精子と卵子の結合から生まれている」）」という性質はその当人の本質的性質であったと考えられている（Kripke, 1972, pp. 313–314）。しかし、そのような本質的な性質でない場合、記述は必要条件にはなりえないとされる（Kripke, 1972, p. 279）。またパトナムは、「通常の場合は」と留保をつけながら、「ステレオタイプ（典型的なその種の特徴の標準的な記述）の中心的な特徴は……その種のメンバーである必要条件」と述べる（Putnam, 1975/1979, p. 230）。

（51） Kripke, 1972, pp. 327–329.

（52） Putnam, 1975/1979, p. 230.

（53） Searle, 1969, p. 168.

（54） *Ibid*, pp. 171–172.

（55） *Ibid*, p. 166.

(56) Searle, 1969, pp. 172–173.
(57) 第二章27頁。
(58) Kripke, 1972, p. 278.
(59) Kripke, 1972, p. 279.
(60) ただし「本質的な記述」の場合はこの限りではないように思われる。Cf. Kripke, p. 279.
(61) むしろ説明能力や、あるいは「自分は誰を指示しているつもりである」という意思という観点を、因果説の論者は批判している。たとえばパトナムは「意思は決して記述を名前の同義語にはしない」(Putnam, 1975/1979, p. 238)と述べる。この件を指摘したのがローティである。第五章にて後述。
(62) Schwartz, p. 30.
(63) Schwartz, p. 30.
(64) Kripke, 1972, p. 319.
(65) Putnam, 1975/1979, p. 225.
(66) Putnam, 1975/1979, pp. 236, 237.
(67) Putnam, 1975/1979, p. 233.

第四章　因果説への反論 —— サール

はじめに

前章では、記述主義を批判して指示の因果説を提出した論者として、ドネランとクリプキ、パトナムの議論を確認した。そのうち、ドネランとクリプキは、記述主義に対する批判からその議論を始めていた。本章は、この二人による批判に対するサールの反論を確認する。最初にドネランに対する反論、次いでクリプキに対する反論を扱う。その結果、サールが一貫して同定原理を重視していることが見出される。また、話し手の提出する同定記述も多様であり、指示対象が会話のみちゆきによって異なることが示される。このとき、固有名を同定する記述は前もって決められないという固有名と記述のあいだの曖昧さが、よい方向に作用していると言えるように思われる。

なお、サールの議論は、言語行為論を論じた言語哲学から志向性を論じた心の哲学へと深化した。したがってクリプキに対する反論もドネランに対する反論も、志向性が議論されるなかに位置づけられる。本章では志向性の議論全般を確認するのではなく、固有名論に関わる議論のみを参照するのであるが、そのような次第なので、そのために必要となるだろう事柄を、反論を確認するに先立って、補足的に確認することとしたい。

第一節　志向性——言語行為論からの発展

サールの関心は当初は言語哲学にあり、そこにおいてサールは指示について論じていたが、議論の進展とともに彼の関心は心の哲学に移り、「志向性（Intentionality）」について議論していくようになった[1]。先の固有名論に対する批判への応答を、サールは志向性について議論するなかで、志向性に関わる新たな諸概念を用いつつ行った。

志向性についてサールは、「世界のなかの対象や事態に向けられている、あるいはそれらについての、多くの心的な状態や出来事の性質[2]」と定式化する。信念やおそれ、希望、意図などを持つとき、それらはあるもの、あるいはある事柄に「向けられている」、もしくはそのようなものや事柄に「ついての」信念やおそれなどである。このような心のありさまをサールは伝統にしたがって志向性と名付けた。

発話行為論にあたってサールは命題内容と発話内の力のあいだに区別があると論じたが、それと同様に、志向的な状態を論じるにあたってもサールは表象内容（representative content）あるいは志向内容（Intentional content）と心理的様態を区別する。[3] 発話行為論においては、「あなたが部屋を出ていくことを命じる」「あなたが部屋を出ていくだろうことを予測する」「あなたが部屋を出ていくだろうことを提案する」と言うときに、共通して持たれている「あなたは部屋を出ていくだろう」という命題内容（propositional content）と命令、予測、提案といった発話内の力（illocutionary force）をサールは区別する。同様に志向的な状態においては、「あなたが部屋を出ていくだろうと信じる」「あなたが部屋を出ていくだろうと恐れる」「あなたが部屋を出ていくことを望む」というときに、やはり共通して持たれている「あなたは部屋を出ていくだろう」という志向内容と信念、恐れ、希望といった心理的様態とは区別される。

このような志向性についての術語から指示あるいは固有名論を見ると、たとえば第二章で見たようなアリストテレスについての「アリストテレスはスタゲイラの人である」という記述、つまりアリストテレスについての話し手の信念は、「アリストテレスはスタゲイラの人である」という志向内容を伴う信念であると言い換えられる。[4] 逆に、志向内容が言語的に表され、指示において用いられた場合に同定記述として扱われると言うことができる。

このような志向内容は単独で抱かれているのではない。他の志向状態の「ネットワーク（Network）」のなかに位置づけられている。[5] このようなネットワークの背後に、サールは「バックグラウンド（Background）」と呼ばれる、「それじしんは志向状態ではない」、ある種の「実践知（know-how）」を仮設する。そしてこれらの実践知によって、ある志向状態を持つことが可能となるとする。[6]

以上より、第二章において言われていた「同定記述」は、ある対象についての信念が表出されたものであり、それは単独ではなく他の信念との連関のうちにあることを確認しておく。これをふまえつつ、以下ドネランおよびクリプキによる反論に対するさらなる固有名論を参照していく。

第二節　ドネランへの反論

前章で確認したとおり、ドネランは記述主義を批判し、歴史的説明説を提出した。ドネランによる記述主義への批判の論点は次のとおりである。第一に、確定記述には二つの用法があり、指示的用法の場合には記述に一致していない対象がその記述の指示対象でありうる。第二に、同定記述の原理は誤っている。ある対象が記述に一致していなくてもその記述の指示対象であることがあるし、逆に記述に一致していても指示対象でないことがある。また、話し手が同定記述を提出できなくても聞き手は指示対象を見出すことができるため、話し手が同定記述を提出できることは必要な条件ではない。また、指示対象となる対象が複数ある事態から[7]「指示対象が何であるか」という問いよりも、「話し手はこの機会にその述語を何に帰属させているのか」という問いが重要である。そしてドネランは、固有名の指示の理論として歴史的説明説を提出する。ある人が使う「ソクラテス」という名前が、その人のもとまでどのように伝えられてきたかという歴史をさかのぼっていくと、もとの人物に行きあたる。この人物がソクラテスであり、指示対象となる。

このようなドネランの議論に対してサールが行った反論を以下で追う。まず、確定記述の二用法の区別に対して行った批判を参照する。次いで、歴史的説明説が記述主義的に説明されることを示した議論を確認する。

1. 確定記述の二用法の区別に対して

一見したところ、ドネランによる確定記述の指示的用法と属性帰属的用法という二つの用法の区別は興味深く思われる。しかし、そのような区別は本当にあるのだろうか。というのはドネランの議論の眼目は指示的用法のふるまいであるが、それは、第一章で確認された同定原理によって解決されるように思われるからだ。同定原理は、話し手の指示に対して聞き手がその指示対象をうまく捉えられなかったときに、話し手が同定記述を提出できることを要請していた。このとき、ある確定記述によって聞き手がその対象を同定できなかったとしても、話し手が他の記述を提出して、その結果、聞き手が話し手の指示しようとしていた指示対象を把握できれば支障がないと見える。

サールはこの二用法の区別を拒否する。その議論にあたってサールは指示の行われる「相（aspect）」という観点を提示する。(8) サールによると、私たちは指示を行うときに固有名や確定記述、直示語などの代名詞といった統語論上の装置（syntactical devices）を用いる。これらの装置は話し手と対象との関係（固有名を用いるということはその対象の名前を知っているという関係にある、代名詞を用いるということはそれが視野に映っていて見ることができるという関係にある、など）を表しており、そのような言語的装置によって私たちは指示を行う。そのとき私たちは、固有名や確定記述といったその対象の「言語的表示（linguistic representation）」を持っており、私たちがある表現で指示を行うとき、その表現はその対象のある相を表示している（represent）。たとえば、私がある対象を「橋のしたで寝そべる、赤い首輪をつけた茶色の猫」と指示する。このとき私はこのような記述句を言語装置として用いており、同時に、その記述によってその対象のある相を表示してもいる。このとき、その猫の、橋のしたで寝そべっていて、赤い首輪をつけていて、茶色であるという相がその表現によって表示されている。この状況を描写して、サールは「私たちは端的に、すべての指示はある相のもとにあると言うことができる[9]」と述べる。

サールはドネランの提出した「スミスの殺人者は正気ではない」という発言例を引きながら反論していく。ある対象を指示するとき、話し手はその対象について種々の相を持っている。実際に指示するとき、話し手はその対象の持つある一つの相に言及することで指示を行っているが、しかしそれ以上のことも意味することができる。「こうして、ある人は「スミスの殺人者」と言う。しかし、次のことも意味する。あそこにいる男、ジョーンズ、罪で告訴されている者、地区検事によっていま反対尋問を受けている人、非常に奇妙にふるまっている男、などなど[10]」。話し手は、自分の選んだある一つの相での指示がうまく機能しなかった場合、別の相に頼ることで指示を完遂させようとする。その結果、ある相のもとでその対象の指示は成功し、その指示のなされた言明は真となるかもしれない。「話し手の意図がとても明確で自分が意味していることを彼は知っていると言うことができるなら、たとえ彼が発話した表現によって表された相が、彼が「心に抱いていた」対象によって満たされなくても、あるいは何によっても満たされないとしても、依然次のような相（あるいは相の集合）がなくてはならない。もし何ものもそれ（あるいはそれら）を満たさないなら、その言明は真ではありえない。そしてもしある一つのものがそれを満たすなら、それを満たすそのものが、その相に帰されている性質を持つか否かにしたがって、その言明は真か偽であるだろう[11]」。そのような最終的な相をサールは一次的な相（the primary aspect）と呼び、他の相を二次的な相（the secondary aspect）と区別して、ドネランの言う指示的用法とは二次的な相による指示であるとする[12]。指示的用法において記述に一致していない対象が指示対象でありうるのは、それが表しているのが二次的な相であり、あらゆる二次的な相の裏には一次的な相があるからである。それに対して帰属的用法とは一次的な相による指示であり、ドネランの挙げた例は、話し手の持っている相がただ一つしかなく、ゆえにそれを用いてしか指示がなされなかった例である。一次的な相と二次的な相についてのこのような区別は、たとえば聞き手が二次的な相を否定しながらも一次的な相を認めることによって、その指示がなされた言明の真理条件が特定できることから示される。「私たち二人が見ているあの男が正気でないという君の意見は正しいが、しかし彼がスミスの殺人者であるという意見は誤っている」というように。(13) ここから、一次的な相によって指示は保証されていると言うことができると見える。

このような一次的な相と二次的な相という区別は、確定記述についてはたしかにあるように思われる。記述とはそれによって対象の一側面を表すものだからである。ゆえにその対象の様々な側面を表す記述があり、そのなかで、話し手と聞き手どちらか一方だけが持っている記述や、双方が持っている記述があることはうなずける。それでは、固有名について、このような区別はあるのだろうか。

サールは固有名にもこの区別はあるとして、次のように説明する。「シェイクスピアは『ハムレット』で、ハムレットの人物像をオフェリアのそれよりも説得的に描いた」という発言がなされた。シェイクスピアの作品として多くの作品がシェイクスピアに帰されているが、あるとき、『ハムレット』だけは彼の作品でないことが判明した。しかしそうだとしても、「シェイクスピア」は「『ハムレット』の作者」を意味していたかもしれない。なぜなら「シェイクスピア」という名前は「『ハムレット』の作者」によって指示される人物の二次的な相を表しており、「『ハムレット』の作者」がその人物の一次的な相を表していたかもしれないからだ。こうして、右の発言は必ずしも偽になるわけではない。(14)

以上の議論は、第一章で確認した彼の同定原理と並行関係にあると見える。「もしある人がその対象を指示するために選んだ相が機能しないなら、その人はある別の相に頼ることができる」[15]という相についてのサールの発言は対象の側からなされているのに対し、同定原理は話し手の能力という観点から提示されている。同定原理によれば、話し手はある対象を指示するために、同定記述のいずれをも用いることができる(同定記述は、固有名や確定記述の他、指示代名詞なども含む)。このとき話し手が用いる記述は聞き手による指示対象の同定に寄与できるものであることが求められている。そして、ある記述を用いた指示がうまくいかなかった場合、話し手は他の記述に頼ることができるし、また他の記述に頼らなくてはならない。他の記述による指示もうまくいかない場合、話し手はさらに他の記述を用いて指示を続ける。このような、さしあたり使ってみてうまくいかなかった表現によって表示されている相が二次的な相と言える。最終的に話し手はある表現による指示に行き着き、指示は成功するだろう。この表現によって表示される相が、一次的な相であると言うことができる。

もちろんこのように完全に対応するものではないだろうが、ここではさしあたり、同定していくという作業が対象の相を表示していっているということ、あるいは逆に、対象の相を指示表現によって表示することが聞き手に対する同定であるということを注目しておく。

2. 歴史的説明説に対して

このような見解によって確定記述の二用法を批判したサールは、歴史的説明説を次のように批判する。サールはまず、ドネランの提出した見取り図を取り上げる。

主な考えは以下のような考えである。話し手がある個人を指示し、その人について何ごとかを述語づけようと意図して名前を用いるとき、指示が成功するのは、話し手が何ごとかを述語づけようと意図したある個人が何者であるかについての歴史的に正しい説明にその人が加わるときだろう。そしてその個人が指示対象であるだろうし、その言明はその個人が述語によって表された性質を持つかどうかによって真あるいは偽であるだろう。(16)

サールによれば、この見取り図には重要な鍵が二つある。(a)「歴史的に正しい説明」と(b)「話し手が何かを述語づけようとした人は誰であるか」の二点である。しかしこのとき、(b)を満たす——たとえば「ソクラテスは獅子鼻だった」というときに、「ソクラテス」がまさにソクラテスである、という事態が成り立つ——とは、何において成立するのかという問題が生じる。その答えは、ドネランの説明では、「私たちの発話をソクラテスに結びつける因果の鎖」のみである。すると、この因果連鎖の本性についての説明が必要となる。サールはドネランの説明を引く。ドネランは次のように説明した。ある人が「ソクラテスは獅子鼻だった(Socrates was snub-nosed)」と言う。歴史的説明説にしたがうと、ソクラテスとは記述主義者が言うように話し手によって提出された同定記述にもっともよく一致する人ではなく、「そのときの「ソクラテス」という名前の使用に歴史的に関係づけられた人」となる。

以下のようであるだろう。歴史の全知の観察者(the omniscient observer of history)が対話篇の著者に関係する人を見る。これらの対話篇の中心となっている登場人物たちの一人はその人がモデルとなっている。これらの対話編は伝播され、話し手はその翻訳を読む、あるものが獅子鼻であるという話し手に述語づけはこれら

の翻訳を読んだことによって説明される。(17)

このドネランの説明に対して、サールは次のように批判していく。その名前の指示対象である人物、すなわちその名前を持っている人から、いまその名前を使った人（話し手）のあいだには、特定できない多くの歴史的関係があるはずである。したがって、そのなかから関連する関係を選び出す原則があったはずである。そしてその際に決定的であったのが、次の二組の志向内容である。

第一に、対話篇の著者は実在の個人を中心人物の一人のモデルとした。すなわち、著者は問題となっているその人の表象を持ち、対話篇における名前「ソクラテス」が彼を指示するように意図した。第二に、対話篇を読んだ話し手は彼の「ソクラテス」の使用を、対話篇の著者が指示したのと同じ人間を指示しようと意図した。(18)

そして、話し手は、その指示している対象について、実際には真であるかもしれないしそうでないかもしれない多くの他の記述を対話篇から持ってきて、ソクラテスを説明しようとする。たとえば「ソクラテスの方法」を編み出したり、市場で青年たちと議論して日々を送ったりした、というような記述である。しかし、話し手は、ソクラテスがそのようなことを行っていた、つまり真であったと信じているだろう。ところでかりにこれらのソクラテスについての信念が、「ソクラテス」によって対話篇の著者が指示しようと意図する人ではなく、別の人が行ったために実際にはその別人について真であったとする。しかしその言動を、対話篇の著者は「ソクラテス」と名指される人物に対話篇で帰していたとする。このとき、ソクラテスとは誰か、と問われた人が、

「ソクラテスとは、この対話篇でそのように描かれている人だ」と答えたとする。そのとき、その人のネットワークのなかでは、対話篇の著者の意図が重要な位置を占めていると考えられる。あるいはその人は、「ソクラテスとは、「ソクラテスの方法」を編み出した人だ」と答えたとする。するとこのとき、この話し手は、まずは「ソクラテスの方法」を実際に編み出した人と対話篇でそのように描かれている人とを同一視していると考えられる。そして「ソクラテスの方法」を実際に編み出した人と、対話篇でそのように描かれている人が別々の人物であると判明した場合、どちらが「ソクラテス」によって名指される人とされるかは、この話し手次第である。このような発言は「彼の志向内容のネットワークの断片を表現し」ており、もし「その断片が、ネットワークの全体を満たす対象に一致しないなら、全知の観察者は、きわめて合理的にも、ネットワークの残りが優位に立っていると想定するだろう」とされる。サールは以上を約言して、このように考えることはどのように人の志向内容が記述を決定するかを表していると述べる。つまり、「ソクラテス」で名指される人は一意には決まらない。話し手が何を重要なことであると信じていたかによって、「ソクラテス」がどの人物であったかに幅が生じる。

したがって、サールの批判によると、ドネランが提出した見取り図のうちで歴史的説明として見なされていたことは話し手の多くの志向内容であり、そのなかで話し手が重視している志向内容が、指示対象を決めるにあたって重要な役目を果たしているということになる。ドネランが記述主義を批判して歴史的説明説を提出したのは「この機会にその述語を話し手が帰属させているのは何であるか」「話し手が何かを述語づけようと意図しているのは誰か」「たとえ誤ってにせよ、話し手がその方法で記述しようとしたのは、もし居れば、誰であるのか」という問題意識があったからであったが、サールはその発話のなされている状況（すなわち何を重視するかが問題となる状況）に応じて指示対象が決定されることを示した。このとき、サールは、指示対象が使われた記述に一致していないことを認めるが、それは他の記述に一致していることを示している。こうして、記述主義の一端として歴史的説明説は位置づけられる。

ところで前章で、固有名の曖昧さについて、サールとドネランがそれを受け入れるか受け入れないかで対立していることが示された。それをサールは固有名の特徴であるとして許容し、ドネランは拒絶して歴史的説明説を提出した。第二章ですでに確認したように、サールは、「その対象の同一性を精確に構成する記述的特徴についての問題を提起し合意に到ることを強いられることなく、対象をおおやけに指示できる」[19]ことが固有名の独自性であり、実践上の便利さであると述べた。この特徴がもっとも現れていたのが、右のような、指示対象に複数の候補がある場合に、どの人物が指示対象になるかが、発話のなされている状況やその進展によっている事態であるように見える。このような事態に指示が成功するのは、固有名が記述と同値でなく曖昧であるために、話し手の能力の発揮される余地が残されていたからと思われる。

第三節　クリプキへの反論

先に確認した通り、記述主義に対しては、ドネランだけではなくクリプキも批判を行った。その批判の趣旨は（1）固有名は記述とは性質の異なる固定指示子である。ゆえに（2）記述主義は固有名に結びついている記述のあてはまる対象がその指示対象であるとするが、その対象がかりにその記述で表される性質を持っていなくとも、その名前でその対象は名指される。したがって、記述にあてはまらない対象が指示対象でありうる。また逆に記述にあてはまる対象が指示対象でないこともありうる。そして、記述だけでは対象を一意に選び出すことができない場合もある。それでは固有名の指示はどのようになされるかというと、(3)指示対象の命名儀式からコミュニケーションの因果連鎖が話し手のもとへと連なることによってである。サールが反論を行ったのは、このような批判に対してである。

1. 総論

サールは最初に、クリプキが提出した見取り図を取り上げる。

この理論の大まかな言明は以下のようであるかもしれない。最初の「命名儀式(Initial Baptism)」が催される。ここでその対象は直示によって名指されるかもしれないし、同じものの指示は記述によって決定されるかもしれない。その名前が「リンクからリンクへ送られる」とき、その名前の受け手は、私が考えるに、その名前を学ぶときにそれを聞いたところの人と同じ指示で、その名前を使うことを意図しなければならない。[20]

サールは、まず以下の点が気づかれるとする。[21] 第一に、命名儀式で名前が導入されるとき、命名儀式は記述を用いることで執り行われている。[22] また、かりに直示によって名指される場合、直示がなされている場面、すなわち命名儀式の場を知覚することが求められる。しかし、知覚することは「彼の神経システムに対するその対象の物理的な衝撃以上のものを含んで[23]」おり、そこに志向内容が含まれていることから、対象そのものからの因果連鎖には到っていない。

第二に、名前が因果の鎖の「リンクからリンクへ送られる」とき、右のとおり、「その名前の受け手は、……その名前を学ぶときに、それを伝えてくれた人と同じ指示で、その名前を使うことを意図しなければならない」[24]とされていた。このため、名前「N」が使われるたびごとに「Nは私がその名前を得たところの人によって指示されている対象である」という志向内容が結びつけられるため、指示の成功は命名儀式と因果連鎖に加えて志向内容が必要ということになる。このとき、この条件が満たされることで指示が保証されるとすると、因果連鎖は条件として余分なものとなるように見える。しかしこの志向内容という条件は、指示の成功は、同じ指示を行うことに成功しているため、という説明を与えることしかできない。したがって、クリプキの目的は指示の成功を外的な因果と話し手の意図から説明することにあり、ゆえに、指示がなされるためにクリプキがおいた条件は「最初の命名儀式、因果連鎖、制限された志向内容」の三条件にまとめられる。そして、クリプキの「どのように指示対象を得たかと話し手が考えることではなく、実際のコミュニケーションの連鎖、それが関連することである」[25]との発言から、「外在的な（external）」コミュニケーションの因果連鎖が重視されていると位置づけられる。

そのうえでサールは、因果説あるいは因果連鎖の見取り図がうまく機能するかを検討する。まず、固有名を用いた指示において、この見取り図にしたがっていたら指示は成功しているかという問いである。この問いに対しては、このような外在的な因果連鎖があるからといって指示が正確に保たれているとは言えない、と答えられる。なぜなら名前と指示対象が因果連鎖によってつながっているにもかかわらず、その指示対象は、現在の指示対象と初期の指示対象で異なっている、つまり因果連鎖において指示対象が変化してしまっているという反例があるからである。たとえば、現在私たちは「マダガスカル」によってアフリカ大陸沿岸の島を指示しているが、しかし「マダガスカル」とはもとはアフリカ大陸の一部分の名前であった。指示の因果連鎖のなかにいる人々も「それを伝えてくれた人と同じ指示で、その名前を使うことを意図しなければならない」という条件をおそらく満たしていただろうが、しかしこのような事例が生じている。(26)

続いて、指示がなされているならば外在的な因果連鎖があると言えるかという問いをサールは検討する。この問いに対して、サールは記述主義を退けることはできないと結論する。記述主義への反例として挙げられた例が記述主義によって説明されるためである。たとえば、私たちは古代エジプトを話題にしているとき、ラムセス八世を指示しているかもしれない。しかしラムセス八世とは、「彼について何事も知られていない古代の数多くいたファラオの一人」であり、つまり私たちはラムセス八世の同定記述を持っていない。このように同定記述を持たないにもかかわらず指示ができている事例は、一見記述主義の反例と見える。しかし実は私たちは「ラムセス七世と名指されたファラオのあとにエジプトを統治した「ラムセス」という名のファラオである」という記述を持っており、かりにラムセス七世とラムセス九世について多少のことを知っているとしたら、「たとえ私たちから古代エジプトまでさかのぼっていく種々の因果の鎖がラムセス八世に達しそびれるとしても」ためらうことなく「ラムセス八世」で当該人物を指示することができるとサールは言う。

このように、因果連鎖は指示の成功の必要十分条件ではない。それでは、そうであっても因果連鎖は固有名の機能において重要な役割を果たしているかというと、サールによればそうでもない。たとえば次のような原始的な狩猟採取共同体があると想定する。ここでは部族の各人は各人を知っており、新しく生まれた子供の命名儀式には部族全員が立ち会っている。そして子供は直示によって身の回りのものから部族の大人までを知り、部族の禁忌のため、死者の名前は人々の口に上ることがない。このような共同体においては、固有名は使われているものの、因果連鎖が生じることはない。それでも固有名が用いられているということは、固有名の指示に関して、因果連鎖が重要な役割を持たないということになる。

さらにサールは、ある名前「N」に結びつけられている同定記述が「話し相手や言語共同体がNと呼ぶ対象」だけであるときにも指示はなされているとし、そのような指示を「依存的指示（parasitic reference）」と呼ぶ[27]。もっとも依存的指示は他者の記述に依存しているためにそれのみでは同定できず、その他者が非依存的な他の記述を持っている場合にのみ指示は成功する。そして依存的指示という観点からすると、因果説とは「外的な視点から見られた依存的な場合の特徴づけに過ぎない」。因果説の主張する、それぞれの話し手が「それを伝えてくれた人と同じ指示で、その名前を使うことを意図」しているときとは「私の言語共同体における他の人によって「N」と指示されている人」という依存的な指示が行われているときの同定記述と同じ内容を述べている。そして、因果説では最初の命名儀式にまでたどり着くことが求められ、記述主義では、命名儀式をその一つとして、依存的指示が終わるような事態が求められている（依存的な指示が一定程度さかのぼったときに、非依存的な同定記述によって指示を特定することがありうる）。こうして因果説は記述主義の一形式と位置づけられる。各々の話し手が「自分に先立つ話し手と同じ対象を指示する」とたしかに意図し、忠実に次の聞き手に対して指示をしていたときというのは、依存的な同定記述を各話し手が持つことで指示が保たれている状態である。そしてこの記述によって指示は保たれている。もちろんこのとき外的な因果連鎖は生じている。しかし、先のマダガスカルの例が示すように、外的な因果連鎖が形成されていても同じ対象を指示するという意図（あるいは依存的指示における同定記述）が異なってしまうと、因果連鎖が生じていても指示は保証されない。こうして指示対象の決定に寄与しているのは記述内容であり、外的な因果連鎖は寄与しておらず、説明の役に立っていないことになる。

2. 反例への応答

右の見解に基づいてサールはクリプキによって挙げられた、ゲーデルの反例を退ける。それは次のようなストーリーだった。クルト・ゲーデルは算術の不完全性を証明したとして知られており、そしてそれのみが知られていた。しかるにそれは、実際にはシュミットという男の業績であった。このときある話し手に、「ゲーデル」の同定記述を求めたとする。するとこの話し手は「算術の不完全性を証明した男」と答えるだろう。しかしこの記述を満たすのはシュミットであってゲーデルではなく、したがって彼はシュミットを指示することになってゲーデルを指示しているのではない。

この反例に対して、サールはまず、この話し手は実はそれ以上のことを知っていると述べ、少なくともこの話し手は「私の言語共同体のなかで、もしくはせめて私がその名前を得たところの人々によって「ゲーデル」と呼ばれる男」という記述を持っているとする。それではなぜ彼がそういった記述を与えないかというと、「何かこれ以上のことが求められていると想定するからである」[28]と言う。

だからといって話し手は、「自分にこの名前を教えてくれた人がそのように呼ぶ人」という記述をまったく使わないというわけではない。それに頼ることもある[29]。かりに「ゲーデルとは算術の不完全性を証明した人である」という話し手の同定記述が「証明の17行目でゲーデルは誤った推論を行っていると見える」という発言に伴って提出されたとする。この発言に対して「その証明を行ったのはゲーデルでなくてシュミットである」と言われたとき、この話し手は、「ゲーデル」によって、実際にその人が何と呼ばれようとも算術の不完全性定理を証明した人を意味する、と答えると考えられる。しかし、右の同定記述が「クルト・ゲーデルはプリンストンに住んでいた」という発言に伴って提出されたとする。そしてこの話し手が、ゲーデルが不完全性定理を証明した人という記述に一致しないことを見出したとき、彼は「自分にこの名前を教えてくれた人がそのように呼ぶ人」という依存的な記述に頼ることになる。

つまり、この話し手がどのような記述に頼るかはその発話がなされている状況による。その結果、先のドネランに対してなされた反論でも確認したとおり、「ゲーデル」によって誰を意味しているのかが異なることがありうるということになる。

こうしてサールはこの反例を退けた。クリプキの挙げた反例は他にも「ファインマン」の例や「キケロとカティリナ」の例があった。前者は、一般によく知られている「高名な物理学者である」という記述だけではファインマンを一意に選び出せないという例であり、後者は、よく知られている記述によると「弾劾した者とされた者」の組み合わせを選び出すことになるので、やはりこれも一意に選び出せないという例であった。これらの例についても同様な応答がなされることと思われる。

3. 固定性（rigidity）について

以上のようにして、サールはクリプキによる記述主義への批判に応答した。しかし、クリプキの行った批判には、固有名は固定指示子であり、記述はそうではないという論点もあった。

この批判に対して、サールは二つの理由から反論する。第一に、固定指示子であるような記述がある。そのような記述として「その対象の同一性を決定する特徴を特定する記述」、「たとえば、アリストテレスと同一であることの必要十分な諸性質を表現する記述」が挙げられている。第二に、どのような確定記述も「単純な決定によって」固定指示子として扱うことができる。「「二焦点めがねの発明者」という表現を、それは二焦点めがねを発明した実際の人物を指示し、そしてどのような可能世界でも、彼が二焦点めがねを発明しなかった可能世界においてでさえ、まさにその人物を指示し続けるような方法で使う、と単純な決定によって（by simple fiat）私は決めることができる」[30]とサールは述べる。したがってサールは固定性に訴えることにより固有名と確定記述の機能がそれぞれ異なることは示せないと結論した[31]。

おわりに

以上まで、サールによるドネランとクリプキへの反論を確認してきた。その要点は次のようにまとめられる。第一に、私たちは、その対象について何の記述も持っていないように見えても、意外に多くの記述を持っている（ラムセス八世）。第二に、歴史的説明あるいは因果連鎖として扱われているコミュニケーションの連鎖は、依存的指示を外的に描写したものである。第三に、固有名の歴史的説明と非依存的な同定記述が異なるときに、その名前の指示対象がどちらであるかは、その発話のなされている文脈から、何が重視されるかによって定まる(「『ハムレット』の作者」、「ソクラテス」、「ゲーデル」)。総じて一言に、因果説は記述主義の一形態であり、同定原理によって説明される、とまとめられる。逆に、ここから、サールの同定原理に対する重点の置き方が見えるとも言える。

そしてこれに基づいて、前章において提示された、ドネランとサールのあいだの固有名の曖昧さに対する対立点について、一定の説明を与えた。右のように発話のなりゆきによって指示対象が決まっていく場合というのは、第二章でサールが挙げていた固有名の特徴がきわだつ場面である。

ところでこれまで通覧してきたとおり、これまでの議論は指示対象を探る方法論を探ってきたといえる。この議論のなかで見落されている問題はないのかというのが次章で扱われる問いである。

註

(1) J. Searle, *Intentionality: An essay in the philosophy of mind* (Cambridge University Press, 1983).

(2) Searle, 1983, p. 1.

(3) Searle, 1983, pp. 5ff. 発話行為論については Searle, 1919, Chap. 2.

(4) そしてまた、後の章との関連からここで指摘しておくが、サールが、話し手もしくは聞き手その人が信じていること、という論点を持っていたことが志向性についての議論から補強される。

(5) たとえば小池百合子氏が東京都知事選に立候補しようとする願望を抱いたとする。それは東京都が巨大地方自治体であることや一六万人の行政職員のトップに立つこと、東京都民の福祉の向上に責任を負うこと、その他不特定多数の信念と関連する。Searle, 1983, pp. 19–21.

(6) たとえば「散歩に行って猫と遊ぶ」という意図を形成するために、平面あるいは坂を歩く、猫を猫として認識するといった能力が求められるとされる。*Ibid.*, pp. 141 ff.

(7) 第三章における、夜会の哲学者の例。

(8) John Searle, "Referential and Attributive," in id., *Expression and Meaning: Studies in the Theory of Speech Acts*, (Cambridge: Cambridge University Press, 1979), pp. 137–161.

(9) John Searle, 1979, pp. 142–143.

(10) *Ibid.*, p. 144.

(11) *Ibid.*, p. 145.

(12) *Ibid.*, pp. 145–146.「一次的」「二次的」の区別は、彼の間接的発話行為の議論における区別がもとになっている。たとえば混雑した電車のなかでの「踏まれているようなのですが (you are standing on my foot)」という発言は状況の言明であり、この発語内行為を通して「どけてもらえませんか (please get off my foot)」という依頼をなしている。サールは、この状況を、一次的な発話行為（依頼）を二次的な発話行為（状況の言明）の遂行によって行っていると記述する (Searle, "Indirect Speech Acts," in *ibid.*, pp. 30–57)。

(13) *Ibid*, pp. 147–148.

(14) Searle, 1979, p. 148.

(15) Searle, 1979, p. 144.

(16) Donnellan, 1974, p. 16.

(17) Donnellan, 1974, p. 16.

(18) Searle, 1983, p. 247.

(19) Searle, 1969, p. 172.

(20) Kripke, 1972, p. 302.

(21) Searle, 1983, pp. 234–236.

(22) クリプキは最初の命名儀式においては記述説が適用されることを認めている。しかしクリプキは、記述主義がもっとも適用されるのは命名儀式のときであり、死亡した人物など私たちの誰もが見知っていない対象についてはうまく説明できないと主張する（Kripke, 1972, p. 349, n. 42）。

(23) Searle, 1983, p. 235. 対象の知覚（視覚の場合）において、サールは、私たちはある視覚経験を持っているとする。たとえばある黄色い車を見ているとき、車についての視覚経験を持っている。その一方で、私たちは車を見ている。つまり視知覚は、視覚対象とは区別される視覚経験を、構成要素として持っている。そして視覚経験はある対象についての経験にとどまらず、事態がかくかくしかじかあることでなくてはならないとされる。たとえば黄色い車についての視覚経験を持つとは、黄色い車が前方にあることを一部として含む視覚経験を持つことである。なお、視覚経験が言語的なものであることは含意されない。サールが強調することは、それが充足されるときは一連の事態全体が求められるということである。そして視覚経験は、その内容によって決定される充足条件を持つ、つまりどのような条件のもとで真でありあるいは偽であるかが経験の内容によって定まるとされる。たとえば黄色い車があるという視覚経験の内容は、黄色い車が前方に存在するという事実が真であるために要請される。しかしその事実が、問題となっている視覚経験の原因でもある。（Searle, 1983, chap. 2. passim）。本文に戻ると、つまり、命名儀式を知覚する人にとって、たとえば「新しく生まれた子供がゆりかごで寝ていること」という命題内容を持つことになり、「ゆりかごで寝ている新生児」という記述に依拠している。

(24) Kripke, 1972, p. 302.

(25) Kripke, 1972, p. 300.

(26) Cf., G. Evans, "The Causal Theory of Names," in S. P. Schwartz (ed.), *Naming, Necessity, and Natural Kinds*, (NY: Cornell University Press, 1977), pp. 192–215.

(27) Searle, 1983, p. 243.

(28) Searle, 1983, p. 251.

(29) 以下は Searle, 1983, pp. 251–252, による。

（30） Searle, 1983, p. 258.

（31） 以上はSearle, 1983, pp. 257–258より。私見を率直に言えば、これらが反論になっているのか腑に落ちない点は残る。第一の反論について。クリプキは本質的な記述がありうると認めていた（第三章註50。ただし「AがAの父母から生まれなかった」という反事実的状況など、精査していけば疑問を感じる点はある）。しかしサールはそのような必要十分な性質を明示することに批判的であったし、それをしないですむ点に固有名の長所を見出していた。たしかに理論としてはそういう記述はありうるが、その内実は自身がそれまで主張していた見解と両立しないように見える。第二の反論について。直観的にはこのような「決定」をせずとも固有名はその人物を指示しうると見えるところに固有名の特徴があるように見える。これらについては本書では追わない。

補論　マッカイとドネランの応酬より

はじめに

本論で確認したとおり、ドネランは記述主義を批判し、話し手の信念といった「観念論」的な要素に基づかない方法で指示対象を見出そうと試みた。その結果、ドネランは歴史的説明という、名前の伝達の歴史的事実に基づいて説明を行おうと試みた。

しかし、そのように試みていた一方で、私見では、ドネランは発話のなされている文脈や、話し手と聞き手のあいだの協力関係に着目していたように思われる。それは確定記述の二用法へのマッカイによる批判[38]に対して、ドネランが行った応答から見出される。このような考えが見出されることはドネランにとっては不本意なことかもしれない。このような形で伝達がなされているということは、相手の意図を汲むという要素が入り、その結果、客観的な歴史的事実のうちにも話し手の意図あるいは聞き手の忖度という志向内容が関わってしまうことを示しているためである。

したがって、本補論は、サールが、歴史的説明説は記述主義の一形態であると主張したその主張を、ドネランの議論の内部から、支えようとする議論となる。記述主義を擁護するひとつの議論であるとも言えるだろう。

1．マッカイとドネラン

すでに本論で確認したとおり、ドネランは確定記述には二つの用法が区別されるとの主張を行った。そして指示的用法とは、指示表現に対象の特徴が一致していなくても、聞き手に対して指示対象を知らしめることができればよいとされた。この主張に対して、マッカイは次のように考えた。

ある対象を指示することは私たちが何について話しているかを聞き手に知らしめるための、種々の方法のうちの一つである。そして確定記述を用いた指示の特徴は、その対象に一致する記述を用いて指示を行うことである。しかしドネランは確定記述の指示的用法について、指示対象が指示表現に一致していなくても指示はなされると考えた。このことは、指示の要素を「話し手の意図」「用いられた明らかな指示表現」「意図された指示の対象」「聞き手」の四つに区別したときに、第一と第四の要素を重視し第二の要素を軽視して、指示表現の内容に関係なく話し手の意図によって指示はなされると考えることである。つまり、対象を指示するという話し手の意図を重視し、聞き手が理解できたなら、指示表現の言語的意味を無視してよいというのがドネランの見解であるとマッカイは理解し、ドネランについて「彼は指示を指示する意図へと崩壊させようとする」[39]と批判した。

この批判に対してドネランは次のように応答した。[40] 話し手の意図は指示対象を聞き手が理解するという予期を含み、指示に際してどのような記述が用いられるかはこの予期と連動している。[41] したがって相手の理解を予期せずにある記述を用いることは奇妙なことである。[42] また話し手が指示対象と一致していない記述を用いて指示を行っていても、話し手は指示対象が記述に一致していると周囲の状況から信じているのであり、気儘にある表現を選んでその内容と無関係に指示を行っているのではない。つまり話し手は周囲の状況や聞き手との関係から、自分の発言を相手が理解すると予期して指示を行っている。

ドネランによるこの応答は、意図と予期の関係の分析、そして聞き手と話し手と周囲の状況の関係の分析であるとまとめられる。確かに話し手の用いた確定記述は指示対象と一致していなかったかもしれない。しかし話し手はその対象を指示しようとしており、その記述が指示対象に一致していると信じていた。そして周囲の状況は話し手がそのように信じるような状況であった。さらに話し手は、その表現を用いることで聞き手が自分の指示対象を理解するだろうと予期していた。

この分析を、ドネランが記述主義を批判するために提出した先の、「トム」という名指しで指示した子供の例に適用するとする。この例を通してドネランが主張しようとしたことは、話し手が記述を提出できる能力は必要ないという主張だった。しかし、右の分析からすると、ドネランの見解とはまた異なる事態が見出される。この子供はただ適当に「トムはよい人だ」と言ったのではない。子供はそのように言うだけのことを体験しており、そのことを話そうと意図し、さらに「トムはよい人だ」と言うことで自分の発言を両親が理解するだろうと予期していたのである。そしてその予期は満たされ、両親は子供の指示対象を見出した。これは両親が子供の指示対象を理解しようと試みた結果である。

つまり話し手が聞き手の理解を予期すると同時に聞き手も話し手の発言を受け止め、話し手が指示を試みる対象を見出そうとしている。そして話し手の発言に周囲の状況が関与しているために、聞き手も発話がなされた状況を加味して話し手の発話内容を理解しようとしていると言える。例えば「何時何時に子供はそう言ったのだから先日のパーティーのことであり、その前のパーティーではないだろう」というように。この点に、ドネランも指示対象の同定に際して話し手と聞き手の協力関係に着目していたことが見出される。

2. 応酬より

このようなやり取りが、歴史的説明のなかで生じていたとする。歴史的説明は、記述主義による話し手の信念によって指示を説明するという方策よりも、客観的な説明であると考えられてきた。しかし、「トム」と名指した子供からそう名指された人に到る場合から、現代の「ソクラテス」と発言したその人からソクラテスに到る場合まで、名前の歴史には幅があるが、そのような歴史のなかの伝達の一つの場では、右のような双方の信念の動きが指示対象の決定に重要な役割を果たしている。

ドネランに好意的に取るならば、そのような、伝達の場における志向内容の働きも含めての歴史的説明であるかもしれない。歴史の全知の観察者は、個々の伝達の場でどのように話し手と聞き手のあいだの会話の力学が働いたかを看取し、最終的に指示者が何を指示したかについて説明する、それをも説明する能力を持っていたとも見える。とはいえ、そのように取っても、サールがすでに記述主義を擁護して述べているように、それに際して双方の信念が機能していることには変わりないように思われる。

註

(38) A. F. MacKay, "Mr. Donnellan and Humpty Dumpty on Referring," *The Philosophical Review*, 77 (1968), pp. 197–

202.

（39） *Ibid.*, p. 200.

（40） Donnellan, "Putting Humpty Dumpty Together Again," pp. 203–215. ドネランはこの議論を展開するに際してグライスに多くを負っている（P. Grice, "Meaning," *The Philosophical Review*, 66 (1957), pp. 377–388）。

（41） 極端な場合、あえて違う記述を用いるという場合もある（Donnellan, "Putting Humpty Dumpty Together Again," p. 214）。

（42） ドネランによればハンプティ・ダンプティの議論が奇妙に見えるのは話者の意図によって語に新たな意味を付与できるという点ではない。アリスが彼を理解するだろうと予期することなく "glory" によって "a nice knockdown argument" を意図していたことが私たちにとって信じがたいためである（*Ibid.*, p. 213）。

第五章　指示対象再考——ローティとハンソン

はじめに

前章まで、私たちは指示理論における記述主義と因果説の応酬を確認してきた。記述主義に立つサールは同定原理をその中核となし、記述に一致する対象が指示対象であるという見解を提示した。それに対して、記述に一致することはある対象が指示対象であるための必要十分条件ではないという批判がなされ、因果説という見取り図や歴史的説明説がクリプキやドネランによって提出された。これに対してサールは、それらは記述主義の一形態であると反論した。この反論から指示のメカニズムについてのさらなる議論が派生し、続いている。

しかし本章では、これに続く論争史をさらに追跡することをやめ、これらの論者が前提としていた枠組みを探ることにする。そして本章では、それが「指示対象」という存在者を求めようとする営みであったことを明示する。そしてそのような、存在者と言語の対応関係を求めようとする営みを批判したリチャード・ローティの議論、およびそれを支えると思われるノーウッド・ラッセル・ハンソンの議論を参照することで、そのような存在者を前提する必要のないこと、およびそれを指示対象として求める必要のないことを論じる。こうして「指示対象」を探すという、指示理論がそのメカニズムを議論するための前提が崩れることが示されるだろう。

第一節 「指示対象」の存在

これまで記述主義と因果説の応酬を確認してきた。記述主義に立つサールは、記述に一致する対象が指示対象であるという見解を提示し、固有名の場合は特定されてはいないが十分な名前に結びついている記述があてはまる対象が指示対象であるとした。そして指示の一般論にせよ固有名論にせよ、話し手は記述を提出できなくてはならないという同定原理をその中心としていた。それに対して、記述に一致することはある対象がその表現の指示対象である必要十分条件ではないという主張がクリプキやドネランによってなされ、因果説という見取り図や歴史的説明説が提出された。これに対してサールは、因果連鎖は指示の成功のための必要条件でも十分条件でもないとし、それらは記述主義の一形態であると反論した。サールによれば、因果説とは記述主義の依存的な指示を外的に観察した場合であり、指示を保証する実質的な機能は、因果説の言い回しによればそれぞれの話し手の「それを伝えてくれた人と同じ指示で、その名前を使う」という意図、記述主義の言い回しによれば「私の言語共同体における他の人によって「N」と指示されている人」という記述であった。

この論争では、どちらが指示対象をより的確に見出すことができるか、どちらがより適切な原理であるかが問われている。つまり、「アリストテレス」という名前によって名指される人物を特定するにはどのような原理が働いているかという問題や、あるいはそのような歴史上の有名人ではなく、寝ぼけた子供が「トム」という名前によって名指した人物をどのように特定すればよいかという問題に、記述主義も因果説も取り組んでいる。このような問題に取り組むことは、多数存在する人びと、あるいは指示対象となり得るものたちのなかで、どの対象が問題となっている表現の指示対象であるのかという問題を扱うことである。

ここに、指示対象の存在という前提を見出すことができる。

まずはサールである。実際第一章で見たとおり、サールは指示の公理として「何であれ指示されるものは存在しなければならない」と主張する存在公理を挙げており、その結果、シャーロック・ホームズなど存在しない対象への指示を考察する必要に迫られていた。以下ではそのような結果、どのような考察を行う必要が迫られたか、議論の筋道を確認しておく。

存在しない対象への指示について、サールはシャーロック・ホームズを「フィクションにおいて存在する」「フィクショナルな人物」としてまずは説明し、その後フィクション（小説）の論理的立場についての考察を行った。[1] そしてフィクションでは「言葉どおりでない（nonliteral）」わけではないが「非まじめ（nonserious）」な発話がなされていると整理する。[2]「言葉通りでない」と「非まじめ」は、比喩（figurative）とフィクションの話法における意味論規則の変化を分析するためにサールが導入した分析装置である。「言葉どおりでない」は、「女性は月である」というような表現の隠喩としての使用を分析するために用いられる（女性は衛星ではなく、生物でありヒトである）。それに対し、「非まじめ」は小説作品における表現が現実のありさまにコミットしていないことを示すために用いられる。たとえばある作品を読み上げて「メロスは激怒した」と読み手が朗読したとき、メロスという人物は存在しないが、その人物が笑っているのでもなければ走っているのでもなく、現実世界で「誰かが怒っている」と言われるときと同様の状態である。このようなときに読み手は、言葉どおりだが非まじめであるとされる。そして作者が小説を書くとき、作者は「主張するまねをしている（pretending to make an assertion）」とし[3]、そのようなまねごとは、通常の信念表明（assertion）においては確立されていた「言語と実在との連関（connections between language and reality）」が破られることからなるとする[4]。信念表明とは、「言葉（より厳密には、その命題内容）を世界に合致させる」タイプの営みであり、単純な形態では真偽の区別をつけることができるタイプの営みだが、それが小説においては棚上げされるという。その結果、「メロス」なり「シャーロック・ホームズ」なりに該当する人間が存在しなくても、その人間についての語りが誤ったことにはならない。そして、このような人物は、作者による指示のまねによってフィクショナルな人物として創造され、それによって私たち読者はフィクション上の人物を指示できるようになる。

また、サールは次のような発言もしている。「フランス国王は禿であるという言明は真ではありえない。なぜならフランス国王はいないからである[5]」。サールは内包と外延の区別を説き、内包として意味があることから外延として対象を持つことは帰結しないと主張する。

一方の意味（内包）では、フランス国王は禿であるという言明あるいは信念はフランス国王についてのものである。しかしその意味において、言明や信念がそれについてのものである対象があることは帰結しない。他方の意味（外延）では、それらがそれについてのものである対象はない、なぜならフランス国王はいないからである。私の説明では、信念の内容（すなわち命題）と信念の対象（通常の対象）を区別することは決定的である。[6]

こうしてサールが、存在するものについての言明がなされるべきと考えていたことが示される。もっともそれは、彼の言語行為の類型からすると当然かもしれない。言語と世界の適合方向という考え方を提出し、信念表明型の行為は、言語が世界にどれほど忠実であるかが行為の肝であるのだから。

つづいて、ドネランである。同様の見解（指示されるものは存在しなくてはならない）をドネランも持っている。それは彼が、ブロックを考えるにあたって次の命題（E）を受け入れなくてはならないと考えていたことから見出される。

（E）ソクラテスが存在しなかったならば、〈ソクラテスが獅子鼻であった〉は真ではない。（That Socrates did not exist entails that it is not true that Socrates was snub nosed.）[7]

存在しない対象についての言明は真理を語りえないというこの主張から、指示対象の存在を、命題を表現しその真偽を判定するための前提としていると判断できる。

そして、クリプキとパトナムである。クリプキは固定指示子を導入する際に、「……もしそれ〔指示子〕がその対象を指示するなら、どこであれその対象が存在するときに、その指示子はその対象を固定的に指示している。付け加えると、もしその対象が必然的な存在者であるなら、その指示子は強く固定的と呼ばれうる」と述べていたので[8]、ある「存在者」について、それが、他の可能世界においてどうなるかを問題にしている、と言うことができる。実在論を採用するべきだと主張したパトナムも、存在者を問題にしていたと言ってよいだろう。

このように、先に取り上げた四人の論者は、指示対象の存在をその議論の前提においており、そしてそれと語の関係を問題にしている。しかし、このような前提は実際に必要なのだろうか。というのは、たとえばサールについて言うと、同定記述のうちに存在についての記述を含めることで解決されるように思われるからである。シャーロック・ホームズについては「……であり、コナン・ドイルの創作した推理小説に出てくる探偵」という同定記述を付け加えることで同定はなされ、アリストテレスについても「……古代ギリシャに実在した哲学者」という記述を付け加えることで可能となるのではないか。もしもサールが同定公理およびそれを定式化した同定原理をもっとも重要なものとするなら、右の同定記述によってシャーロック・ホームズは同定できるように思われる。つまり、指示対象ということで、実在する存在者に限らないでよいし、逆に、そのような存在者に限ってしまったために、指示対象が何か、指示対象であるために必要十分な条件が何であるかという問題が生じているように思われる。

このような問題に取り組むことで指示という問題を考察していたのがローティである。続いて以下において、ローティの議論を確認する。

第二節 「存在」の検討

リチャード・ローティ（Richard Rorty, 1931-2007）は指示の問題を指示対象と言語の関わりという観点から批判的に取り扱った、現代アメリカの哲学者である。以下では、ローティによる指示についての基本的な考えを確認したい。

ローティによれば、その問題の起点は、科学史上の探究結果に関わる問題である[9]。過去の人々は、神や魔女や燃素などの存在しないものを信じており、それによって周囲の環境にほどよく対応してきた。むしろ、そういったものに頼る以外に対応する方法を持たないでいたとも言える。彼らはそれらについて主張することを正当化されていたが、しかし、その主張は、私たちが現在行っている主張では保たれていると考えられているような「世界におけるものとの望ましい関係 —— 名指しと真理というような関係 —— を持っていない」。このとき過去の人々が「実在に触れていない」のは迷信などに支配されていたからではないと考えるならば、なぜ私たちのほうが過去の人々よりも優れていると考えられるのか、その理由が求められた。その結果、観察と理論の区別、そして事実と言語の区別が重要な区別として考えられてきた。第一の区別によって、かつての理論は誤っていたが観察は正確になされていたと対応することができた。そして、時代を経て探究が進むにつれて、より正確な理論が得られるようになったと言うことができた。また第二の区別によって、かつての人々は事実について語っていたがその語り方が適当ではなかったと考えることができた。しかしながら、これらの区別は、徐々に批判されるようになった。「純粋にありのままの事実」と「理論的要素」の区別が不明瞭なこと、同じものについて誤ったことを話しているのと、まったく違うことについて正しいことを話していることとの区別がつけられないといった議論からである。この結果、真理は「信じられるべきもの」を意味するようになり、過去の人々の誤りについて、哲学的な解決が求められるような問題は解消されることになる。このような「真理に対するリラックスした態度」に対する反動が「実在論」を呼び起こし、「真理を理解する本質的な概念」として指示が扱われるようになった(10)。

以上のようにローティは指示が議論される背景を説明する。その見立てによれば、指示は真理と密接な関係があり、その真理とは「世界におけるものとの望ましい関係」、すなわち実在するものとの対応関係であるとされる。ローティによれば、そのような真理観を持つために、虚構の言説（fictional discourse）の問題が生じたとされる。「シャーロック・ホームズがイングランドに生まれた」という文が正しいならば、この文が対応している実在とは何かという問題が生じるからである(11)。この問題についてのローティの見解は、次のような議論から示されている。

フィクションの論理的立場についてのサールの議論を通して、ローティは次のように述べる。サールは語と世界の関わりは、語が実在にどのように接しているかではなく、それがどのように用いられているかという観点から語られると考え、言語哲学の中心を「発話行為」においた。それは「言語をゲームのように規約によって支配された行動と見なし、ゲームでうまく動くためにはしたがわなければならない規約の観点から「指示」を見る(12)」ことである。しかし、もしこのように言語と世界の関係を規約として見るならば、サールの挙げた三つの公理（存在公理、同一性公理、同定公理）のうち、存在公理は同定公理に含まれることになる。というのは右のように言語を見なすならば、「同定する能力は存在非存在にかかわらず、会話を保ち続けるのに十分であるはずだからだ」[13]。

それをローティはサールによるフィクション上の存在者の扱いから明らかにする。サールはそれらを「フィクショナルに存在する」と述べ、それらを「本当に指示した」と述べる[14]。このようにして存在公理を守ろうとした結果、サールにとって「存在」は「時空的な存在、あるいは（時空的な）現実世界の語りに依存する言語ゲームにおいて指示することができる、その話し手に、そのような語りとは区別されて知られる能力のいずれか」[15]として考えられるようになる。つまり、「存在する」の意味が、普通に存在することから、通常はそうではないと考えられるフィクション上の存在者まで拡張される。このときフィクション上の存在者を指示する能力とは「まさに「xについての整合した会話を続ける能力」であると見える。そして、これはまさに、問題になっている語を使っているさまざまな主張に賛成したり反対したりするために十分な同定記述を持つことであると見える」[16]。たとえばシャーロック・ホームズを指示する能力とは、その人物についての会話を続ける能力であり、それはホームズの物語を読むことによってホームズについての記述を得て、ホームズについてのさまざまな主張に同意したり異議を唱えたりすることである。したがって指示は、同定記述によって「ゲーム」をプレイし続けることが可能なことによって可能となっているのであり、その結果、サールの存在公理は意義を持たなくなると、ローティは結論する。

　このようにサールの場合、同定原理によって、存在公理は取って代わられる。それにもかかわらずサールが存在公理を立てた理由を、ローティは、サールが「世界との接触を失っていないことを保証する、世界についての私たちの表象の説明」を求めようとしていたからだと説明する[17]。そしてローティによれば、このような説明を求めようとしていたのはサールだけではない。ローティの見立てによれば、上述のとおり、指示についての議論がなされているという事実じたいが、議論する論者たちがそのような希求を持っていたことを示している。そして記述主義に対して因果説から批判がなされたのは、これまでに確認してきたとおり、実際の指示対象のありさまと話し手が理解している指示対象のありさまにずれが生じることがあるからである。記述主義を取り上げて因果説の論者たちが批判した理由を、ローティは端的にそれが「観念論的[18]」であると考えられたから、と総括している。ローティは因果説について次のようにコメントする。

語と世界のあいだの因果関係は、きわめて大部分が話し手の意図の関数である指示3の概念によって提供される紐帯よりも、言語と実在のあいだのより緊密でより「客観的な」紐帯を約束すると見える。[19]

「指示3」とはローティが指示を分析するために導入した、指示の三つの区分のうちの一つである。それによれば、まず、まず、私たちが、日常的に行っている「指示」がある。この指示は「……について語る（talking about）」と同義であり、話し手は意のままに、自分の話そうと思っていることを話すことができる。このとき、その対象が存在していてもしていなくても問題はない。「この意味で、人はフロギストンやサンタクロースについて話すことができる[20]」。これは「指示1」と呼ばれる。次に、ただ存在するもののみを指示する指示がある。これは専門的な「指示3」であり、指示対象の有無やそのありさまによって、その指示表現を含む命題の真偽が判断される。指示対象が存在しない場合、その命題は真ではありえない。逆に存在しないものは指示対象とはなりえない。そのため、指示3で表される関係は「語と世界のあいだの完全に客観的な関係[21]」と考えられている。そして指示1と指示3のあいだに「ゼウスの雷霆といったものは存在せず、あなたが話しているものは雲からの放電である」というような発言に見出される「指示2」がある。ここで語られている対象は存在するもののみであるが、しかしこの指示2においては、語られていた存在者が発見されても主題が変わっているために、もとの命題の真偽は決定されない。このような指示2は「(他の信念があるならば)言うことを正当化されているものは何かについての議論と、真であるものは何かについての語りとのあいだを結ぶ、実践的な概念[22]」であるとされる。

このような分類に基づいて、ローティは因果説を取り上げる。因果説は、すでに第三章で確認したとおり、私たちはより実在に近づいていると主張したパトナムの見解に代表されるように、科学的発見とその理論に裏打ちされており、非常に強力に実在のありさまを表しているように見える。しかしローティは、因果説が着目していた場合とは、「話し手が(指示1の常識的な意味において)語っているものを知りたいときに「見出すための最良の戦略」がただ彼に聞くのではないような特別な場合[23]」であると位置づける。それは、ローティによれば、指示対象が何であるかについての話し手の自覚よりも、そのような意見の入らない記述によって示されることで、その対象をまず確認する必要がある場合である。それは言い換えると、聞き手の関心が話し手の話す対象よりも、話し手がその対象を知るにいたったいきさつに向けられている場合である。ドネランが挙げた子供による「トム」の指示の例はそのような場合であり、このようなときに指示2が生じているとされる。「「パーティーにトムと呼ばれる人はいなかった。彼はサム・ワーシントンについて語っている(を指示2している)に違いない」というように[24]」。

ローティは、これを、指示対象の候補が複数ある事態だとする。私たちが指示対象を求めるときには、記述説のように話し手がその対象についてどのように考えているかという話し手の信念に注目する状況と、因果説のように話し手の信念よりも話し手と問題となっている対象とのあいだの繋がりに注目する状況がある。「トム」の例のような事態は、これら二つの状況が結びついて、その対象の実際のありさまと、話し手のその対象についての信念のあいだに不一致が生じることで生じる。ローティは、ドネランの挙げた井戸掘り「タレス」の話はまさにそのような事例であるとし、「タレス」の指示対象が何者であるか、あるいは「タレス」によって何について語られているかが一意に定まらないことを示す。一般には「すべてが水である」と発言した古代ギリシャの哲学者と考えられていたが、実はそのような人間はおらず、ヘロドトスとアリストテレスによって創作された架空の男だったのかもしれない。あるいは、実はヘロドトスは井戸掘り男について語っており、アリストテレスは架空の哲学者について語っていたのかもしれない。このような状況では、先に対象が見出されてから言われることが決まることとなる。

このような状況でどのように対応するかは、ローティによればさまざまである。いままで持っていたタレスについての「タレスとは「すべては水である」と考えた古代ギリシャの哲学者」というような信念を捨てて、新たに知られたその対象についてのありさまにそくした新たな信念を持って、「タレスは存在しない」と言うかもしれない。しかし、思想史における重要性に鑑みて、依然、「タレスは哲学者である」と言い続けるかもしれない。つまり、それ以前から持っていたそれまでの信念に基づいて会話を続けるということである。

このような対応の違いは、その対象がそれまでに「私たち自身の信念と欲求のネットワーク」[25]内でどの程度の位置を占めていたかによる、とローティは主張する。ローティによれば、ある一つの命題が捨てられたとき、他の命題の扱いは機械的に予測できる方法で変化するものではなく、[26]大きな位置を占めていた、使い勝手のよい言明ほど保たれる傾向にあるとされる。上述のように、タレスが存在しなかったと判明してもタレスについて言われ続けるように、かりにソクラテスが創作上の存在者であり実在の人物ではなかったことが判明したとしても、ソクラテスについての語りはなされ続け、ソクラテスについてなされてきた文のいくつかはそのまま保持されると予想される。つまりソクラテスについて正しいとされてきたすべての事柄から一挙に正しさが失われるわけではない。しかし、たとえば、ある人が「叔父に遺産を横領された」と訴え、徐々にその人が正気ではなく「叔父」という人がいないということが判明したとき、その人のなした叔父についての言明はいずれも真ではない。それは、この叔父について関心を抱いているのはそのように訴えている当人だけであり、その話は他の人には信念のネットワーク内で位置を占めないからである。

したがって、このようなローティの見解に従えば、因果説が記述主義よりも世界との接触を保証しているとは言えなくなる。むしろ因果説も記述主義も、いずれも話し手の、自分は何を指示しているかという信念が問題になっていると位置づけることができる。

このように考えると、次の二点のように考えられるようになる。まず、先のドネランの命題Eをつねに受け入れる必要はない。ソクラテスが存在しないことが判明しても、「ソクラテスは獅子鼻であった」は真であるかもしれないからである。また、第三章で示した科学理論の位置づけについても、それが使い勝手がよいために大きな位置を占めているという一応の説明ができるからである。

第二に、ローティの説明はサールによる記述主義の擁護においてなされた見解と同じではない。たしかに指示対象が何であるかが、話し手の信念群のうちでどの信念が重要か、大きな位置を占めている信念は何かという点から定められているとする論点は等しい。しかしながらローティとサールは、「指示対象」という、言語がそれに対応し、そのありさまを映し出している実在を要請するか否かという点において異なる。前者は「指示対象」を要請せず、言語がそれを映し出す表象であるという考えを否定するが、後者はその考えに則り、指示の必要十分条件を議論するからである。

第三節　「見ること」の検討

ローティの見解を繰り返すと、ローティの基本的な視座は、主観による客観の精確な映し出し、換言すれば客観の鏡としての主観という前提への批判にあり、(27) 心と心から独立した客観的な事実との間の境界は不明瞭であるとの主張にある。(28)

その論点を支えると思われる議論に科学哲学者であるノーウッド・ラッセル・ハンソン（Norwood Russell Hanson, 1924–1967）(29) の議論がある。ハンソンは観察とは理論負荷的な（theory-laden）営みであり、見るという行為にはその対象を見ている人の知識が密接に関わっていると主張した。ハンソンによれば、「として見ること（seeing as）」という要素は見ることの中心的な要素であり、私たちがあるものを見るとき、それをある種のもの〈として〉、あるいはこの種のもの〈として見て〉おり、それは私たちの持つある種のものの、もしくはこの種のものの知識に依拠している。その結果、私たちはたとえば視覚に同じ刺激を与えられたとき、その刺激を異なって見ていることがある。(30)

このように異なる見方をしているときに、それを「解釈している」と考えられるかもしれない。ハンソンはそれに対して解釈とは「見ることの要素であり、見ることと並列の操作ではない」と留保をつける。(31) つまり、何かが見えているという状態をまず得て、次にそれが何であるといわば考えるという段階を踏んでいるのではない。「私たちはまず視感覚（visual sensation）から始め、それからようやく私たちの理論と解釈をそのうえに投げかけるのではない。もっとも重要な意味で、私たちの解釈と理論は最初から見ることのうちにあるのである。」[32] これを説明するためにハンソンは、実験室にいる物理学者が何を見ているかという例を挙げる。さまざまな実験器具を扱っている物理学者に対して、訪問者が何をしているのかと尋ねる。

実験室に入る。テーブルに近づく。テーブルは、いろいろな実験器具でいっぱいである。電池、絹巻き銅線、水銀の容器、糸巻き枠、鉄棒に据えられた鏡など。実験者は小さい穴に、黒檀の頭のついたピンの金属の端を差し込んでいる。鉄棒は揺れ動き、それに据えられた鏡は光の帯をセルロイドの物差しの上に投げかける。この光の点の前後に揺れる動きによって、物理学者は鉄の棒の微細な揺れ動きを観察できる。しかし彼に、何をしているのかと聞いてみる。彼は「鏡をつけた鉄棒の振動を研究しているのだ」と答えるだろうか？いや、彼は、巻き枠の電気抵抗を測定していると答えるだろう。もし驚いて、彼の語が何を意味するか、彼が観察していて、その間彼がするのと同じようにあなたも見つめていた現象に対して、巻き枠の電気抵抗の測定はどのような関係を持っているか、を尋ねるとする。彼は、あなたの問いは長い説明を必要とするし、電気学の講義を聴講するべきだと答えるだろう。[33]

このとき物理学者と訪問者は、視覚に与えられている刺激という意味で見ているものは同じだが、見ているものは異なっている。それは物理学者に見えているように「概念的に有機化される（organized conceptually）」ための「知的文脈」を訪問者は欠いているからであり、逆に物理学者は、それだけの知識を得ていて、ある知的文脈のなかにあるために、訪問者も得ている視覚上の刺激を、彼が実際に見ているように見ることができている。

ただしハンソンは、訪問者において見えているような「現象的な見方」を排除しているわけではない。そのような見方（あるいは語り方）というのは「混乱とおそらく概念的無秩序さえもが支配している」状況であり、「そのような状況下で出現する見ることは、観察者が自分の見ているものを知らないようなたぐいの見ること」である。したがって、物理学者が何かしら未知の発見に立ち会っているときや新しい探究の最先端にいるかもしれないときに、そのような語りが「彼の観察が、彼がすでに受け入れている、確立された知識の一般的な背景に対して一致し理解可能になるまで」なされうる。もっともハンソンは、それはあくまでそのような一般的な背景との関係でのみ重要であることを強調する。[34] なお、そのような場合も、ビーカーをビーカー「として見て」いることに変わりはない。

このように「見ること」を概念的に探究するとその中心的な要素として「として見ること（seeing as）」が析出されてくるが、この概念は、ハンソンによると「ことを見ること（seeing that）」という要素を伴っている。ある人が立方体を見たと言うならばその人は立方体が何であるかを知っているはずであり、そうでないならば立方体を見たと言うことはできない。しかしそのときその人はその対象を立方体〈として見て〉いたのであり、それは「それが六面であり、十二の稜をもち、八つの頂点を持つことを見る」とともに、各面の角が90度である「こと」、一定の堅さを持つ物質でできていて液体や気体からなっているのではない「こと」、それに触れることができる「こと」、といったことごとくの「ことを見て」いる。これらのことが、立方体についての「知識を構成する」[35]。

このとき、かりに、その立方体に触れることができなかったとすれば、私たちはそれをもはや立方体〈として見る〉ことはできなくなる。立方体〈として見る〉ということは、その対象を右のような多くの〈ことを見る〉ことのなかにおいて見ていたということであり、したがって「誤り」とは予測していたようにその対象がふるまわなかった、つまり予測していた「こと」が成立しなかった、と説明される。ハンソンは次のように述べる。

> あるものをXとして見ることは、Xが行うすべての方法でそれがふるまうと予想されるかもしれないことを見ることである。そのふるまいが、私たちがXについて期待することと一致しないことを見ることは私たちがこれ以上それをXとして見ることを妨げる。……そもそも何かを見ることはあるXもしくはほかのものとしてそれを見ることである。[36]

ハンソンは「知識」と述べ、その論述対象を主に科学的な観察においたが（彼はX線管を例に挙げる）、日常的な世界にもその議論は拡張されるだろうと思われる。[37]

　このようなハンソンの見解を指示の問題に適用するならば、記述に一致するものが指示対象であると考えることは難しくなるように思われる。私たちが持つ信念によって私たちはあるものをある対象〈として見て〉いる一方で、その対象を同定するために提出しているのはその信念ということになり、したがって、指示対象を説明しようとしたらそのようなもの〈として見る〉に至らしめているところの記述を提出することになるからである。言語が実在に対応しているか、言語は実在を映し出しているかという問いは、両者が独立であるときになされる問いであるが、そうでないならば問いとして成立しない。実在のあり方は話し手（私たち）がそのようなものとして見ている結果そのようであるのであり、ゆえに両者を突き合わせてその成否を問うという議論は無効となる。指示対象は私たちと独立に存在しているわけではない。[38]

したがって、言語と事物のあいだには画然とした区別があり、言語が事物を的確に記述しているとき、そしてそのときに限ってその事物についての命題は真であるという議論に関しては、その前提となっている考えがうまく成立していないと考えられる。

おわりに

本章は、これまで通覧してきた議論が、サールによるクラスター説も、クリプキやドネランによる指示の因果説も、いずれも指示対象を求めるための必要十分条件を議論してきていたことを示した。それに対して、サールが自説の軸としてきた同定原理を、サール自身が想定している以上に適用することができるのではないかという仮説を筆者は提示した。そして、もしそれが正しければ、ローティの議論を参照することで、サールが打ち出した存在公理は不要となることを示した。また、ローティによる因果説の分析から、因果説も話し手の信念が重視されていたことを見出した。ローティによれば、指示対象を求めるという議論自体が、「新しい実在論」の中核として位置づけられていたという。しかし、話し手の信念と明確に区別された指示対象という存在は存在しない。私たちの信念のなかでの何らかの重要性とともにそれは「そのようなもの〈として〉」理解されている。そのような見解は、ハンソンの議論を参照するなかで見出される。それによると、同定記述として提出される信念は、ある対象をある種のもの〈として見る〉に至らしめている信念である。すると、ある対象についてその性質などを述べることは、話し手がすでに持っている信念を提出することになるだろう。こうして事実と言語の突き合わせという見取り図がうまく成立しなくなる。

このように考えることは、命題の真偽に関わる問題など、いくつかの問題を生じさせるように思われる。たとえば、ある命題が真であるとは、語が事実を的確に記述しているとき、そしてそのときに限ると考えられていたが、それは事実と言語の突き合わせという見取り図に則っていたからである。この見取り図を批判したローティは「保証された主張可能性」を真理の概念として推したが、この概念はすでに第三章で確認したとおり、パトナムが非実在論者によって採用されたとして批判していたのである。

次章では、最後に、本章まで議論してきたことをふりかえるとともに、このようにして新たに生じた問題点に関して確認をしておきたい。

註

（1） J. Searle, "The Logical Status of Fictional Discourse," in id., *Expression and Meaning*, (Cambridge: Cambridge University Press, 1979), pp. 58–75.

（2） Searle, 1979, p. 60.

（3） Searle, 1979, p. 65.

（4） Searle, 1979, pp. 66–68. サールは自身の言語行為論を、発語内の目標、言語と世界の適合方向、誠実性条件という観点から、「信念表明型（assertions）」「指令型（directions）」「行為拘束型（commisives）」「表現型（expressives）」「宣言型（declarations）」に分類した。Cf. Searle, "A Taxonomy of Illocutionary Acts," in *ibid.*, pp. 1–29.

（5） Searle, *Intentionality: An Essay in the Philosophy of Mind*, (Cambridge: Cambridge University Press, 1983), p. 17.

（6） *Ibid*.

（7） K. Donnellan, 1974, p. 22.

（8） Kripke, 1972, p. 270.

（9） Richard Rorty, "Realism and Reference," *Monist*, 59 (1976), pp. 321–340.

（10） Rorty, 1976, pp. 321–323.

（11） Richard Rorty, "Is there a Problem about Fictional Discourse?," in id., *Consequences of Pragmatism Essays: 1972–1980* (Minneapolis: University of Minnesota Press, 1982), p. 110.

（12） Rorty, 1982, p. 114.

（13） Rorty, 1982, p. 116.

（14） Searle, 1979, p. 72, cited in Rorty, 1982, p. 117.

（15） Rorty, 1982, p. 118. つまり後者において、シャーロック・ホームズについての語りは現実的な語りではないと話し手は知っているということである。

（16） Rorty, 1982, p. 118.

（17） Rorty, "Is there a problem about Fictional discourse?", p. 128.

（18） Rorty, 1982, p. 115. ローティは非存在者についてのドネランの議論を取り扱うにあたって、「「同定の条件」を完全に「存在の条件」から切り分ける」ために、サールの見解と鮮やかな対照をなすと評した。*Ibid*., p. 120.

（19） Rorty, 1976, p. 329.

（20） Rorty, 1976, p. 325.

（21） *Ibid*., p. 326.

（22） *Ibid*., p. 326.

（23） *Ibid*., p. 327.

（24） *Ibid*., p. 328.

(25) *Ibid.*, p. 333.

(26) *Ibid.*; cf. W. V. Quine, "Two Dogmas of Empiricism," in id., *From a Logical Point of View*, 2nd edition, revised (Cambridge, Massachusetts: Harvard University Press, 1980), p. 42.

(27) *Ibid.*, pp. 334, 336.

(28) Rorty, 1976, p. 327. Cf., *ibid.*, pp. 321–324.

(29) 以下を参照。N. R. Hanson, *Perception and Discovery: An introduction to Scientific Inquiry*, ed. by W. C. Humphreys (California: Freeman, Cooper & Company, 1969).

(30) 視覚に限らない。たとえばハンソンは、訓練された音楽家には調子外れと分かるオーボエの音色がそうでない人には分からないかもしれないという例を挙げる。Hanson, 1969, p. 104.

(31) Hanson, 1969, p. 89.

(32) Hanson, 1969, p. 88.

(33) Pierre Duhem, *The Aim and Structure of Physical Theory*, tr. by P. P. Wiener (Princeton: Princeton University Press, 1954), p. 218, cited in Hanson, 1969, p. 103.

(34) Hanson, 1969, pp. 108–109.

(35) Hanson, 1969, p. 113.

(36) Hanson, 1969, p. 116.

(37) たしかに日常生活上の「太陽が東から昇って南の空を通り、西に沈んでいく」という思いなしと地球の自転および公転についての科学的知識のあいだにはギャップがある。しかしここで筆者が言いたいことは、あるものをX線管として見るように、日常的な事物についても〈として見て〉いるということである。

(38) もちろんそれらの対象は、想像力によって空想しているときのように好き勝手に動かすことはできないわけで、その意味では私たちとは独立した存在として視感覚に与えられているのではあるが。

初出

「指示・会話・対象」『人間存在論』（平成二六年七月発行、第二〇号71-85頁）

終章

はじめに

本書は、主として、サールによるクラスター説とドネランとクリプキによる因果説のあいだの応酬を通して、指示理論が前提としていた枠組みを見出すとともに、それへの批判を試みた。指示理論は指示対象を指示するための必要十分条件を議論し、その仕組みを求めようとしている。しかし指示対象とは、私たち話し手がすでに持っている、サールの言を借りれば同定記述によって、そのようなもの〈として理解されて〉いたものだった。私たちが言語によって、私たちから独立した、それに一致する存在者を求めるという枠組みを指示理論は有していたが、そのような枠組みはうまくいかないことが、ローティやハンソンの議論を通して示されていた。

以下では、本書で行ったことをふりかえるとともに、その帰結が他の議論とどのような関わりを持つか、粗描したい。前章末尾で示されたように、まずは命題の真偽に関わる問題がある。真理の概念について、ローティは「実在との対応」に代わって「保証された主張可能性」を提案したが、その概念についてはすでにパトナムが批判していた。また、ハンソンが〈として見る〉という概念を打ち出すとき、それはすでにそのように見えてしまっているのであり、少なくとも知覚の場面において信念が受動的であることを示唆している。一方で、信念が「網の目」状であるなら、得られた信念はすでに持たれているものと調和するはずである。このような信念の性質に関わる問題がある。

これらの問題の存在を示唆することは、言語哲学の中心であったといわれる指示理論が、その枠組みを検討されることで、どのような問題と関係していたかを改めて知らせることになると思われる。

第一節　本章までのふりかえり

第一章および第二章では、記述主義を概観した。フレーゲによる意味と指示対象の区別、および「意味にあてはまるものが指示対象である」という両者の関係が、サールによってどのように受け継がれ、その固有名論にどのように生かされているかを確認した。そして、サールの議論で重要な役割を果たしていたのは、同定原理によって表現されていた、同定記述を提出する話し手の能力であった。先取りすると、同定原理の重要性および本章で示される固有名の特徴は、第四章で改めて強調されて示される。

第三章では、記述主義に対する批判の骨子をその背景とともに確認した。そこでは、後にローティが指摘したように「指示対象がどのようであるか」と「指示対象をどのようなものと理解しているか」が峻別されている。また、シュヴァルツによって指示を中心に必然性や同一性などの諸概念が絡み合っていると指摘されていたように、クリプキおよびパトナムの議論においては指示と必然性が密接に絡み合っていた。ここでは以下三点を確認した。第一に、ドネランもサールも、記述と固有名のあいだの曖昧な関係に注目しており、ドネランはそれを批判して歴史的説明説を提出したが、サールはそれを固有名の特徴であるとしたこと。第二に記述説、少なくともサールの議論においては、語と記述の関係を定義と見なすことは誤りであること。第三に「必然的な性質」を「記述」と見なすのは指示の新理論による記述主義批判からの、記述主義擁護としては不十分であること、である。

第四章ではサールによるドネランの歴史的説明説およびクリプキの因果説に対する反論を確認した。歴史的説明説も因果説も「依存的指示」を外的に描写した状況として取り扱われるというのがその反論の骨子である。またこの反論を通して、指示対象は話し手と聞き手の会話のなりゆきによって異なることがあり、それは話し手が何を重視しているかによって定まるというサールの見解が提示される。

以上までの論争をふまえて、第五章では、「指示対象を求める」という問題構成そのものを、ローティとハンソンの議論を参照しながら、検討した。数学の論理的基礎づけに関心を向けて、そのなかで「意味」と「指示対象」を扱ったフレーゲはおくとして、[1] サール以降本論で扱った議論は、「指示対象」という存在者を求めている議論である。つまり「ある名前（固有名および自然種名）が指示している存在者、あるいは存在者の集合は何であるか」という問いをこれらの議論は扱っている。そしてこれらの議論は、サールの「話し手から生じるのはただ言語のみであり、ゆえにどのようにして聞き手に対してそれらは対象を同定するのか[2]」という発言に象徴されるように、言語と対象が対応するメカニズムとその保証を求めようと試みていたと定式化できる。この問に対して、サールは「名前に結びついている記述にあてはまる対象」という見解を提示し、ドネランやクリプキは「言語共同体内部のコミュニケーションの連鎖をたどっていった結果、行き着いた対象である」との見解を提示した。これらの見解を、ローティとハンソンの議論を参照しながら検討することで、それぞれ次のような結論へと到る。まずサールの議論をそれに沿って忠実に考えると、サールの立てた存在公理は不要であり、存在公理は同定原理に回収される。またサールが因果説を唱えた論者たちによって批判されたのは、ローティの指摘によれば、話し手の信念というような「観念論的なもの」が入るからであり、そのためより純粋な対応関係を保ち、したがってより確実に指示対象を見出せると見えた歴史的説明説や因果説が支持された。しかし指示の因果説も、クラスター説と同じように話し手の信念がその指示対象の決定に重要である。

つまり、話し手から独立した指示される対象となる存在は、存在しない。たとえば「アリストテレス」の指示対象というような過去の存在者の場合、それは「アレクサンドロス大王の家庭教師でありプラトンの門人である」と記述によって捉えられている。また当今の存在者の場合であってもやはり同様に記述によって理解される。サールの言うように同定を重視するならば、ローティが指摘したとおりに「ゲーム」として言語活動は把握され、存在公理の意義は見出しがたい。もっとも、これに対して、実際目の前にあると言われるかもしれない。しかしその状況はすでにハンソンによって指摘されたとおりである。私たちはそれを〈……として見て〉いる、つまりそのような存在としてすでに理解しているのであって、実在を見たうえでそれを言葉に表しているのではない。

したがって、「言葉によってものを指示している」というよりは、「言葉によってものを記述している」のであり、ある対象を「指示する」「同定する」とは自分の用いている記述を再度上塗りしているということになると考えられる。

第二節　関連する諸問題

前節で粗描したとおりであるが、これまでの議論によって、指示表現によって指示されるはずの「指示対象」が解消された。「指示対象」は私たちの持つ信念によって何が指示されているかが決定され、それに先だって独立に存在しているものではない。このように捉えることはどのような帰結を伴い、どのように新たな問題を生じさせるだろうか。見たところ、以下の問題と関わっているように見える。以下ではそれぞれを粗描することにしたい。

1.「保証された主張可能性」の可能性

まず、命題の真偽を何によって決定するのかという問が生じるように思われる。真理とは実在との対応であるとの見解を取るのであれば、対象のありさまと対応しているか否かによってそれは判定された。しかし右のように考えるということは、その方法が取れないということである。このとき命題の真偽は何によって決定されるのか。

前章で示したとおり、指示と実在の関係をローティは批判した。そのローティは、真理の概念として「保証された主張可能性（warranted assertibility）[3]」を推した。これをローティは、次のように説明する。それは「私たちが通常「真」と呼ぶ主張」であり、多様にある会話の主題ごとに多様な方法で保証される。

> 「二たす二は四」「ホームズはベーカー街に住んでいた」「ヘンリー・ジェイムズはアメリカで生まれた」「世界にはより多くの愛があるべきだ」「フェルメールの光の直截的な使用はラトゥールの細工よりうまくいっている」これらはすべて保証された主張であり、正確に同じ意味においてすべて真である。これらのあいだの違いは、人がそれぞれの主張を正当化する方法の、社会学的研究によって明らかにされる。しかし意味論によってではない。……意味論は「どのように語は世界に関係するか」について何も言わないだろう。なぜなら言われるべき一般的なことがないからである。[4]

この見解によれば、主題によってそれぞれの主張の正当化のあり方は異なるが、いずれも「……について語る」という「常識的な観念」が必要ということになる。そして話し手は、自分が語っていると思っているものについて語っており、それとは無関係の実在についてそれと接触しているか否かという関心を持っているというわけではない。この結果、「指示3」は的外れな概念となる。

ところで、すでに確認したように、「保証された主張可能性」はパトナムが批判していた。パトナムによれば「保証された主張可能性」は、Xが実際は金ではないにもかかわらず、「Xは金である」と主張したアルキメデスの主張を擁護するものとして非実在論者に用いられる概念だった。非実在論者はパトナムの見解では、Xが金であるか否かを確かめるすべを持たないアルキメデスに対して当時の基準で判断せず現代の基準で裁くのはアンフェアであると考えていた[5]。

パトナムによれば[6]、非実在論者、あるいは「観念論者（idealist）」にとって、文の意味とは「ある予言の函数（a function of certain *predictions*）」である。予言は「その内で文が生じるところの理論の函数」であり、ゆえに「「電子が存在する」はあれやこれの理論を離れては意味を持たない。そして異なる理論においては異なる意味を持つ」[7]。このように、科学理論や科学的な概念を観念論者は「感覚を予言する装置」であると考え、「実際のもの（real things）や量（magnitude）の表象」であるとは考えない。この結果「……観念論者はちょうど「電子」を理論依存的（theory dependent）と考えるように、指示と真理という意味論上の概念を理論依存的と考える。〔それに対して〕実在論者はちょうど「電子」を理論超越的（*trans-theoretical*）と考えるように、真理と指示を理論超越的と考える」[8]。

つまり、ある現象に対して観察者がどのような（いわば）影響を受けるかが問題となり、そのような現象を持つものの本性については触れない、あるいは触れることができない、というのがパトナムのいう観念論者の見解である。そのような見解は、理論間に断絶をもたらすものであり、その主張がそのうちでなされているところの理論ごとに正否が判断されるものであった。それに対してパトナムが抱いていた見解とは、当該対象についてのもっともよい理論によって主張[9]の正誤は判定するべきであるという見解である。パトナムは、現時点でもっともよい理論である私たちの理論によって判断がなされるべきであり、そのためには実在論的な視点を取らなくてはならないとした。

このような見解を持つパトナムは、ローティによって指示3を志向している哲学者と位置づけられていた。パトナムが指示3を志向するのは科学の進展と伝達可能性を可能にするために、同じ対象を指示していることを保証する手段を必要としていたからだ。そして同じ対象についてよりよい理論である私たちの理論によって、他者のそれについての命題の真偽を判定するべきであるとした。つまりパトナムにとって保証された主張可能性は、事実のありさまを無視して一致していないにもかかわらずその主張を支持しうるものとするための方策であり、ゆえにパトナムはそれを退けた。そして事実のありさまを比較的映し出している私たちの理論を用いるとされる。

パトナムの見解とは逆にローティは、事実のありさまとの一致という見解を批判して、保証された主張可能性を採用した。私たちの理論によって他者の命題を判断する以外に方法がないからである。たしかにローティは、科学史上の研究の成果とその指示対象について、指示3を捨てた結果、過去の人々は「指示に失敗していた」という考え方を捨てて、代わりに次の二つの考え方のいずれかを抱くことになるとする。

私たちの探究的な先祖たちは私たちが探究するものを指示2していた。しかしそれについて知らなかったため、ゆえにそれについてほとんど誤っていたことを述べていた。

私たちの探究的な先祖たちは存在しなかったものを指示1していた。しかしそれら架空のものについてほとんど真なることを話していた。(10)

前者を「常識的な」見解、後者を「より洗練された、ほかの概念的な体制（conceptual frameworks）に対して厳しくあってはならないという見解」とローティは呼び、いずれの見解を取っても過去の人々の指示していた対象と現在の科学者による対象の関係を合理的に理解できるとする。そして、いずれの見解を取るにせよ、前者の見解を取っていたときに「誤っていた」、後者の見解を取っていたときに「存在しなかった」が「真であった」と評しているのは私たち現代人であり、つまり私たち現代人が過去の人々の研究結果を判断している。ローティの見解を借用すれば、アルキメデスによるXについての「金である」との発言、あるいはXをさして「金」との指示は、前者の見解を調整して「金ではなくXを指示していた」と率直に言われることだろう。したがって、パトナムもローティも、アリストテレスの「xは金である」という発言に対して、誤っているという判断をする。二人ともが、自分たちの現在持つ理論によって判断することをためらわない。このようにパトナムとローティは、実在との一致についての見解を異にするものの、実質は同じ見解にあるように見える。[11]

うえに述べたようにローティは、真理の実質的な概念として保証された主張可能性を推した。それは会話の主題ごとに異なり、通常「真」と呼ぶ主張である。つまり一見事実との一致が問題となるような事実についての主張だけではなく、数学上の問題やフィクション上の事柄、宗教上あるいは倫理上の信念や芸術論評にまでおよぶ。それらそれぞれの議題においてその命題は正しいのか、別の問い方をすれば「なぜ、あるいはどのようにして、その主張は保証されているのか」という問題が残り、それは社会学的な問題であるというのがローティの見解であった。

真理の概念を実在との一致に取っていたときには、その命題は事実と一致しているかという意味で、真であるかという問いがなされていた。そして事実に言語が一致しているかを問う言語哲学、なかんずく指示が重視されていた。[12] 真理の概念が刷新されたとき、事実と一致しているかという意味での問いはなされなくなり、また言語哲学の重要性もなくなる。だからといって、命題の真偽そのものが問われなくなるということはない。それが言語哲学の範疇であるかはともかく、依然、「〈二たす二は五〉は誤りである」など、真偽を問題にする社会学上の問題では収まらない問いであるように見える。

だろう。このとき、わたしたちがなぜ真理を重視するかは、依然問われる問いであるように思われる。[13]これは

2. 信念の性質

ところで、もしも指示が、すでに確認したとおり、話し手と聞き手のあいだの会話のなかで同定記述、つまりその対象についての信念が提出されるに伴って決定されていくものであるなら、そのようにして話し手に新しく得られた信念と、すでに持たれている信念との関係が問題になるように思われる。かりに信念がローティの言うように「網の目」であるならば、新たに得られた信念はすでにある信念と一致するように得られていると想定される。したがって信念には調和性という性質があるだろう。

一方、ハンソンは主として視知覚について扱って、〈として見て〉いるときを主に扱っていたが、聴覚についても言及するだけであったが触れていた。[14]このとき、もし〈……として〉という議論が五感全体に適用されるのであれば、聞き手は話し手の発言を、何か意味のある発言〈として聞いて〉いると考えられる。ところで、ハンソンの言うように〈……として見て〉いるときというのは、ある対象をすでにそのようなもの〈として見て〉いるときである。したがって、言い回しの問題であるが、「として見えてしまっている」という言い回しが事態の描写としては正確かもしれない。つまり信念は受動的であるといってよいと思われる。

このような、調和性と受動性という性質を合わせ持つだろう信念の性質についても、検討される必要があるだろう。とくに相手の発話の理解の場面においての検討は、「聞き手による意味」という分析装置と関わるよ

うに思われる。

おわりに

以上の問題が「指示対象」の解消と関わってくると見える。これらの問題群も以前から議論されていた問題ではあるだろうが、[15] 前提としていた枠組みを検討することで新しく位置づけられることになったと言えるように思われる。指示理論の前提となっていた枠組みを議論した意義がどのあたりにあったかというと、このあたりだったかと思う。

註

（1）第一章。
（2）Searle, 1969, p. 82.
（3）Rorty, 1976, p. 330; 1982, p. 110, 127. なお、ローティはこの概念をデューイから継承したという。デューイによる当該概念の見解はまた改めて確認する必要があるだろう。
（4）Rorty, 1982, p. 127.
（5）なお、パトナムはのちに自身のこの見解を「形而上学的実在論」と呼び、一貫しないものと見なすようになった（cf. Rorty, 1982, p. 133）。そのような思想の変化は「保証された主張可能性」の評価の変化を伴うと予想される。

これは今後の課題となる。

（6） H. Putnam, "Explanation and reference," in *ibid.*, pp. 196–214. なお、パトナムが批判の対象として念頭に置いていのは R. Carnap である。

（7） Putnam, 1975/1979, p. 198. なお、純粋な観念論者の理論では、感覚についての予言であるとされる。たとえば、「火が燃えている」という文の意味は「（近づいたら）熱い」ということになるだろう。また、理論ごとに意味が異なるというのは、たとえば、理論Aに対して「電子が存在する」はA'という意味であり、理論Bに対して同じ文はB'という意味を打ち出しているような状況かと思われる。

（8） Putnam, 1975/1979, p. 198. 理論超越的というのは「同じもの、熱、電気、電子、等々についての連続する科学理論」、「異なる理論において同じ指示対象を持つ語」のことを言う（*Ibid.*, p. 197）。

（9） Cf. Rorty, 1976, p. 323.

（10） Rorty, 1976, p. 335.

（11） 理論的にはもっとも大きな不一致であるが。のちにパトナムが自己批判を行ったことから考えると、このとき実在との一致という考えについても見解を変化させたことが予想される。

（12） Cf. Rorty, 1976, p. 324.

（13） 私見を述べれば、私たちは、自分が信じていることが偽であること、あるいは自身が非合理的（irrational）であること、あるいはそのように見なされることに耐えられないでいるだろうし、また真理を巡る争いをときに行うように見える。

（14） 第五章註31。

（15） たとえばデイヴィドソンは、真理を中心に、解釈者という観点から相手の発話の理解を論じた。その後、三角測量によって言語を獲得するとする。もっともデイヴィドソンは、指示に対して批判的であったのだが。D. Davidson, *Inquiries into Truth and Interpretation*, (Oxford: Clarendon Press, 1984); *Subjective, Intersubjective, Objective*, (Oxford: Clarendon Press, 2001).

あとがき

心理学を学びたかった。大学入学に先立つ頃の話だから、何年前になるのだろうか。
もっともそれが本当に心理学の範疇であるのか、今となっては疑問である。それ以前に関心があったのは民俗学だった。京極夏彦にときめき、小松和彦にあこがれ、「遠野物語」を座右の書とし、背伸びして折口信夫を読む、そのような読書の日々を重ねるなかで怪異・妖怪綺譚、伝説、伝承、神話、――そのような「物語」を生み出す、言の葉を語り出し紡ぎ出す、心のありさまを知りたいと思うようになっていた。心の理を扱う学問だから心理学――それがどうして哲学、なかでも分析哲学を専攻することになったのだろう。

いくつかの契機は覚えている。「心理学なんてするな、するなら医学部行って精神科医になれ」と言われて「心理学はやっちゃいけない」――こう思ったことを私はいまでも鮮明に覚えていて、そして心の奥底から後悔している――「医学部なんてそんな頭のいいところに入れるわけがない」と思ったこと。どうしたらよいか分からなくて、ゆっくりと――心理学以外で――学んでよいことを探せそうな総合人間学部を選んだこと。教員免許を取るように強く勧められて、国語科の教員免許取得を目指したこと。選択科目の多さに当惑し、「発達科学」をはじめとしてあれやこれやの講義を彷徨っていたこと――そのなかで偶然入り込んだある講義でリチャード・ローティの語彙に関する議論を知り、身体の奥底を貫くような衝撃を覚えたこと。そしてその講義の担当教員にコンタクトをとり、――その後その先生に卒業論文を指導頂き、修士論文、博士論文と師事を仰いだ結果、現在に至っている。

今振り返ると、当時の関心がどのような意味を持っていたのかが、なんとなくではあるが、見えるような気がする。教職に関する科目を履修する際に国語科を選んだのは、言語こそが私たちの認識能力と直結しているとの直感が働いていたため――教科教育法の授業で最も関心を覚えたのは発達段階と教材選択の問題であり、その次が小説読解における解釈の問題だった。「心理学」と呼ばれる分野のうち発達心理学に興味を抱いたのは、それが喃語から初語の発話、語彙獲得までの心の発達を扱うためであり、臨床の分野に進んで臨床心理士になりたかったのはその業務がひとの話を聴くことで語り手の心のあり方、語りに現れている世界との関わり方、つまりはその人の生きている世界とそこでの生き方を尊重することであり、そうすることでその人らしい存在のあり方に寄与できると感じたため。そしてローティによる語彙の複数性の議論――結局のところこれを研究することは叶わなかった――この理解が的確であるのか、恥ずかしながら私ははなはだ心許ない――あるひとつの物事について複数の語り方がある、その語り方にはそれぞれのその物事に対する考え方が反映されており、それらは語り方としてはイーヴンである――に惹きつけられたのも、その議論に示されている語り方と認識の仕方の関連に触発されたためである。いずれについても「言の葉を語り出し紡ぎ出す、心のありさま」というひとつの関心の、そのときどきの異なった現れ方であったのだろうと、顧みて合点がいくものがある。

しかしながら――本書は二〇一六年一一月に京都大学に提出した博士論文を出版したものであり、出版に当たっては「平成二九年度京都大学総長裁量経費人文・社会系若手研究者出版助成」を受けた――この関心が本書、すなわち博士論文で満たされたとは、率直なところ、――率直であることが常に美点であるとは思わないものの――私には思えないでいる。赤面して付け加えると、本書は出版に当たって何か加筆修正を施したわけではなく、むしろそのままの形に近い。諸般の事情から手直しに時間を割けなかったのもあるが、どちらかというと、「可能な限り最善を目指すだけです」と先輩に――在学中いちばんお世話になった研究室の先輩に諭され続けたものの、なにをどのように修正すればよいか、少しでも良くするにはどうすればよいか、皆目分からないでいたからというほうが――もちろん、本論を論駁することは赤子の手をひねるより簡単であろうが――理由としては大きい。さらに告白すれば、在学中、私はなぜ自分は指示を議論しているのだろう、なぜこのテーマに取り組んでいるのだろうと、悶々とし続けていた――私は「心理学」を学びたかったはずなのになぜだろう、と。

自問自答は適切に導かれれば、奥底までおりていくことが可能である。――「心理学」を学びたいという話をしたことはある？――ない。――なぜ？――「そんなことに関心を持つなんてくだらない」と言われると思っていた。――どうして？――言われたことがあるから。――いつ？　一回生の前期に。法学基礎論や神話学の授業がおもしろいと思ったのに、「そんなことおもしろいと思うなんてあたまおかしい」とか「異常」とかせせらわらわれて。――自分のことだから断言するが、たしかに高校を卒業したての大学一回生が神話学の授業でドゥルーズによるニーチェ論を紹介されて、その内容が分かっているかというと、理解できているはずがない。しかし、それが「分かった」と思った、「おもしろい」と感じたというのは、非常に幸福な勘違いであるし、その後の大学生活を送る上で重要な糧になったはずなのに。――「心理学」を学べなかったのは、それをあきらめたことといい、このように言われて不快だったり、あるいは――後年語彙を得てからの物言いとなるが――「このように言われてつらく思う自分はirrational《非合理的／あたまおかしい》なんだと思ったりしたことといい、自分の関心を自分で閉ざし、摘んできてしまったツケだったのだろうか。

自分の関心を自分自身のために育て、満たしていく、そしてその後の人生においても活用しうる方法論を身につけ、活かしていく。それが大学という機関で営まれるべきことであり、大学生という期間に行うべきことだと、なんとなくでも定式化できるようになったのは、博士論文を提出し、公聴会も終えてからのことである。それまで私は、「やりたいと思うことはやってはいけないことだ」と、心の底から信じていた。「勉強」とはそのような「やりたい」と思うことをやらせないことであり、そのつらさを耐えるのが「努力」であり、だから「努力するひとは偉い」「勉強する人は偉い」のだと、疑いすらしなかった。この状況に、信念――あるいは意味の凄まじい混乱があったと分析できるのは、ひとつには「信念の網の目」の改変から距離をとってかつての自分を観察できるようになったのもあろうし、もうひとつにはそれを可能にするだけの分析概念を習得できた――学びの成果がわずかながらもあったということかもしれない。しかし、そのように分析できるようになると、これまで苦しかったのは不要な苦しみだったのかと新たな疑念が浮かぶ一方、これまでの人生なんだったのかと言葉を失うこともあるし、そもそもなぜこのような混乱が生じたのかと頭を抱えたくなることもある。しかし、目下のところ専念すべきは、これらの問題を解くよりも、このような混乱した信念群の持ち主を生み出さないことであると思っている。

現在、私は縁あって、中学生と高校生に国語を教えている。駆け出しの身ながらも、今後本格的に生徒に勉強するよう叱咤激励をしなければならない者として、堅く心に誓っていることとは、「勉強はつらい」「しないと怒られるからしている」と生徒に思わせるような指導をしてはならないし、すまいということである。勉強とは自分の関心を見つけ、育てていくことであり、その関心を問いの形に直し、それを解いていくことだだと、大学とはその実地練習の場であると、伝えていきたい。これは昨今の世情に鑑みるに、あるいはわたしの立場としても綺麗事なのかもしれないし、先述のようなの問題を未解決にしているがゆえのお為ごかしなのかもしれない。それでも、と思う。ミッションスクールに通っていた中高時代、「真理はあなたたちを自由にする」という聖書の言葉に感銘を受け、「知と自由への誘い」という大学案内冊子の文言にあこがれた者として、また、自分の抱えていた息苦しさを多少ながらも分析できるようになった者として、そして現在生徒を指導するといううつとめに触発されて、種々の事柄を学びたいと切実に感じている者として、断言したくてならないのだ、学びは人生に貢献する、と。

そう思う一方で、私は自分の思いを生徒に強要しているだけではないかと疑いもする。おまえは自分の関心を満たすために生徒を利用しているだけではないか。生徒の役に立って、居場所となっている自分になりたいだけではないか。生徒とチューニングすらできていないのに、何を伝えることができるのか、と。かなしいかな、今の私には答えるすべがなく、否定する力もない。だから私はこの痛みをかみしめて、大学を離れるときに餞別として贈られた言葉を振り返る。「人をよく見てほしいということです。／人を見て、よく向き合ってほしいということです」――まずはここから、と思いながら。そして、この言葉の主が、このような手向けの言葉をくださる人だったことに在学中に気づけないでいた自分の至らなさが嘆かれて仕方がないのである。

実際、大学生活を振り返ると、主観的には厳しかったものの、そこで培ってきた人間関係は恵まれていたのであろうし、だからこそ、――そうしてよかったかどうかはともかく――博士論文の執筆と提出、そして本書の出版にまで到ることが可能であったと思われる。周囲で支えてくださった方々のうち、誰かひとりでもいなくては本書の成立はなかっただろうと思うと、全ての方に感謝して、心より御礼申し上げたい。

なかでも長年指導くださった冨田恭彦先生——とはいえ先生には、先述のような事情は存じ上げなかったはずであり、ゆえにどちらかというと、申し訳ないという念のほうが勝る。先生の指導と励ましに答えられているとは思えないでいるのもあるが——私はそれを申し上げるたびに、「あなたは自分を過小評価して困ります」と叱責されている——、そもそもそれ以前に、先生を欺いてきたことになるのではないかと身を切り刻まれる思いがしている。そして人間存在論分野の先生方——悪戦苦闘を見守り続け、その過程で、そして公聴会でも多くの質問や助言をくださりながら、それに答えることができず、絶好の機会である本書においてすら応じられなかったのが心苦しく感じられる。また本書の出版にあたり編集を担当してくださった京都大学学術出版会の國方栄二氏にも、感謝と尊敬を。出版辞退を考えていた私は一度その旨申し上げに出向いたところ、察知され説得されるという返り討ちに遭った。「勘が働いたのです、二人きりで話さないといけない話だ、と」と笑われたが——心服した次第である。最後に、——お名前と所属を挙げることは控えるが、つらかった修士課程から博士後期課程の間、私が何を言おうと変わることなく話を聞き続けて自問自答を導いてくださったお二方にも、今後私は頭が上がらないことだろう。

二〇一八年　大学入試センター試験の日に

黒澤雅恵

索　引

［ナ行］

［ハ行］

［マ行］

［ヤ行］

［ラ行］

文献一覧

Davidson, Donald, *Inquiries into Truth and Interpretation*, (Oxford: Clarendon Press, 1984).

———, *Subjective, Intersubjective, Objective*, (Oxford: Clarendon Press, 2001).

Donnellan, Keith, “Reference and Definite descriptions,” *The Philosophical Review* 75 (1966).

———, “Putting Humpty Dumpty Together Again,” *The Philosophical Review* 77 (1968).

———, “Proper Names and Identifying Descriptions,” in D. Davidson and G. Harman (eds.), *Semantics of Natural Language*, (Dordrecht: Reidel Publishing Company, 1972).

———, “Speaking of Nothing,” *The Philosophical Review* 83 (1974).

Duhem, Pierre, *The Aim and Structure of Physical Theory*, in P. P. Wiener (tr.) (Princeton: Princeton University Press, 1954).

Evans, G. “The Causal Theory of Names,” in S. P. Schwartz (ed.), *Naming, Necessity, and Natural Kinds*, (NY: Cornell University Press, 1977).

Frege, Gottlob, “Über Sinn und Bedeutung,” in Ignacio Angelelli (ed.), Kleine Schriften, 2. Aufl., (Georg Olms, 1990) [英訳：“On Sense and Nominatum” in Herbert Feigl and Wilfred Sellars (eds.), *Readings in Philosophical Analysis*, (NY: Appleton-Century-Crofts, Inc. 1949)].

———, “Funktion und Begriff,” in Ignacio Angelelli (ed.), *Kleine Schriften*, 2.Aufl., (Georg Olms, 1990).

———, “Über Begriff und Gegenstand,” in Ignacio Angelelli (ed.), *Kleine Schriften*, 2.Aufl., (Georg Olms, 1990).

———, “Was ist eine Funktion?” in Ignacio Angelelli (ed.), *Kleine Schriften*, 2.Aufl., (Georg Olms, 1990).

———, “Logische Untersuchungen,” in Ignacio Angelelli (ed.), *Kleine Schriften*, 2.Aufl., (Georg Olms, 1990).

藤村龍雄『フレーゲ哲学論集』岩波書店、1988 年。

Grice, Paul, “Meaning,” *The Philosophical Review*, 66 (1957).

Hanson, Norwood Russell, *Perception and Discovery: An introduction to Scientific Inquiry*, in Willard C. Humphreys (ed.), (California: Freeman, Cooper &

Company, 1969) [邦訳：『知覚と発見』（野家啓一・渡辺博訳、紀伊國屋書店、2000）].
服部裕幸『言語哲学入門』勁草書房、2003 年。
Kabasenche, William P., Michael O'Rourke, and Matthew H. Slater (eds.), *Reference and referring*, (Cambridge, Mass.: MIT Press, 2012).
Kripke, Saul, "Naming and Necessity," in D. Davidson and G. Harman (eds.), *Semantics of Natural Language*, (Dordrecht: Reidel Publishing Company, 1972). [邦訳:『名指しと必然性』（八木沢敬・野家啓一訳、産業図書、1985 年）]
ライカン、W. G.,『言語哲学――入門から中級まで』勁草書房、2005 年。
MacKay, A. F., "Mr. Donnellan and Humpty Dumpty on Referring," *The Philosophical Review* 77 (1968).
松阪陽一編『言語哲学重要論文集』春秋社、2013 年。
Mill, John Stuart, *A System of Logic*, book1, chap. 2, para. 5.（A System of Logic : Ratiocinative and Inductive : 7th Edition, Vol. I / John Stuart Mill（http://www.gutenberg.org/ebooks/35420）（2016 年 10 月 12 日）
Putnam, Hilary, "Meaning of 'Meaning,'" in id., *Mind Language and Reality* (Cambridge University Press, 1975/1979).
――――, "Explanation and reference," in id., *Mind Language and Reality* (Cambridge University Press, 1975/1979).
Quine, W. V., "Two Dogmas of Empiricism," in id., *From a Logical Point of View*, 2nd edition, revised (Cambridge, Massachusetts: Harvard University Press, 1980).
Rorty, Richard, "Realism and Reference," *Monist*, 59 (1976).
――――, "Is there a Problem about Fictional Discourse?," in id., *Consequences of Pragmatism Essays: 1972–1980* (Minneapolis: University of Minnesota Press, 1982).
Russell, Bertrand, "The Philosophy of Logical Atomism," in John G. Slater (ed.), *The Philosophy of Logical Atomism and Other Essays 1914–19*, (London: George Allen & Unwin, 1986).
坂本百大編『現代哲学基本論文集Ⅰ』勁草書房、1986 年。
Schwartz, S. P., (ed.), *Naming, Necessity, and Natural Kinds* (Ithaca: Cornell University Press, 1977).
Searle, John, "Proper Names," in C. E. Caton (ed.), *Philosophy and Ordinary Language* (Urbana: University of Illinois Press), 1963.
――――, *Speech acts: An essay in the philosophy of language* (NY: Cambridge University Press, 1969).
――――, *Expression and Meaning: Studies in the Theory of Speech Acts*, (Cambridge: Cambridge University Press, 1979).

———, *Intentionality: An essay in the philosophy of mind*, (Cambridge: Cambridge University Press, 1983).
八木沢敬『意味・真理・存在　分析哲学入門・中級編』講談社、2013 年。

http://philosophy.berkeley.edu/people/detail/18 （2016 年 8 月 7 日参照）
http://socrates.berkeley.edu/~jsearle/ （2016 年 8 月 7 日参照）

著者紹介

黒澤雅恵（くろさわ　まさえ）

2017年 京都大学大学院博士後期課程修了。京都大学博士（人間・環境学）

論文

「指示・会話・対象」（『人間存在論』20、2014年）

（プリミエ・コレクション 95）

指示と言語

――サール・クリプキ・ローティ

2018年3月31日　初版第一刷発行

著　者　　黒　澤　雅　恵

発行人　　末　原　達　郎

発行所　京都大学学術出版会

京都市左京区吉田近衛町69番地

京都大学吉田南構内（〒606-8315）

電　話（０７５）７６１－６１８２

ＦＡＸ（０７５）７６１－６１９０

ＵＲＬ　http://www.kyoto-up.or.jp

振　替　０１０００－８－６４６７７

ISBN978-4-8140-0138-5

Printed in Japan

装　幀　　谷　なつ子

印刷・製本　㈱クイックス

定価はカバーに表示してあります